全国高校出版社主题出版
江苏省2022年主题出版重点出版物

“双碳”背景下
中国煤炭市场高质量发展
（2020）

冯　雨／著

中国矿业大学出版社
·徐州·

图书在版编目(CIP)数据

“双碳”背景下中国煤炭市场高质量发展(2020) / 冯雨著. — 徐州 : 中国矿业大学出版社, 2022.3

ISBN 978 - 7 - 5646 - 5323 - 1

Ⅰ. ①双… Ⅱ. ①冯… Ⅲ. ①煤炭工业—市场—研究报告—中国 Ⅳ. ①F724.741

中国版本图书馆 CIP 数据核字(2022)第 038861 号

书　　名　“双碳”背景下中国煤炭市场高质量发展(2020)
著　　者　冯　雨
责任编辑　黄本斌
出版发行　中国矿业大学出版社有限责任公司
　　　　　　(江苏省徐州市解放南路　邮编 221008)
营销热线　(0516)83884103　83885105
出版服务　(0516)83995789　83884920
网　　址　http://www.cumtp.com　**E-mail**:cumtpvip@cumtp.com
印　　刷　苏州市古得堡数码印刷有限公司
开　　本　787 mm×1092 mm　1/16　**印张** 10.75　**字数** 200 千字
版次印次　2022 年 3 月第 1 版　2022 年 3 月第 1 次印刷
定　　价　48.00 元

前 言

2020年，在国家深化能源供给侧结构性改革、优先发展非化石能源等一系列政策措施的大力推动下，特别是国家提出碳达峰和碳中和目标后，我国清洁能源继续快速发展，能源结构持续优化，煤炭消费量占能源消费总量的56.8%，比上年下降了0.9个百分点。2020年全国规模以上煤炭企业煤炭产量39亿吨，同比增长1.4%。但是，"富煤、贫油、少气"的资源禀赋特点，决定了未来很长一段时间内煤炭依然是我国的主要能源。

我国煤炭资源分布极不平衡，北多南少，西多东少。然而，我国煤炭消费主要集中在东部沿海地区。特别是实施煤炭供给侧结构性改革后，煤炭生产与资源开发加速向资源富集、开采条件好的晋陕蒙新地区转移，煤炭生产与消费逆向分布的矛盾进一步凸显。这也对煤炭的中转运输提出了新的要求，"北煤南运""西煤东运""水铁联运"等成为煤炭行业的关键环节。

当前，全球面临新冠肺炎疫情仍未得到有效控制的形势，特别是我国主要煤炭进口国印尼、蒙古等疫情仍有反复，影响了正常的煤炭生产活动。印度、韩国等出现了煤炭资源紧张的情况，对进口煤的需求也有所增加。国际市场供应减少、需求增加，导致我国进口煤炭市场也存在一定的不确定性。

本书内容涵盖了我国煤炭行业全产业链的年度分析与预测，丰富了我国煤炭行业分析报告，有助于提高对我国煤炭行业的全面认知，把握未来煤炭市场行情走势，具有权威性、原创性和前瞻性等特点。

在本书编写过程中，我们以经济学和系统论为指导，将定性分析与定量分析有机结合，遵循"权威、实证、时效、前沿、原创、前瞻"等原则，通过搜集权威部门发布的煤炭相关数据和有关文献，进行分类整理、统计测算及分析预测，对我国煤炭市场走势进行科学预判。

综合来看，国内煤炭市场不仅要面对碳达峰、碳中和给煤炭市场带来的机遇与挑战，还要适应复杂多变的国际煤炭市场，煤炭市场参与者应该如何应对，关键还是要对未来煤炭价格走势有一个清晰的判断。本书恰恰可以解决这些问题，为市场参与者更好地把握煤炭市场行情提供重要的参考依据，为煤炭市场的可持续、清洁高效发展起到积极的促进作用。同时，我们也希望本书能够成为煤炭企业管理人员、专家学者、金融机构管理人员等的必备工具书。

我已从事煤炭工作整整20年。这20年间，我从事过宏观经济、煤炭市场信息、数字能源以及碳达峰、碳中和的研究与实践工作，并承担过多项国家级和省部级相关课题的研究，积累的经验和成果在本书中得以应用。同时，在本书编写过程中还借鉴和引用了国内外有关政府部门、企业、专家、研究机构公开发布的煤炭行业上下游的相关资料和数据信息，在此，一并表示衷心的感谢。

在本书编写过程中，由于受作者水平等多方面因素的影响，书中难免存在疏漏和不当之处，恳请广大读者提出批评建议。

谨以此书献给奋战在抗击新冠肺炎疫情保供一线的煤炭运销领域的同志们！

2021年10月

目 录

前言 …… I

第一章 碳达峰、碳中和对煤炭市场发展的影响 …… 1
第一节 碳达峰、碳中和的定义 …… 1
第二节 实现碳达峰、碳中和目标的意义 …… 2
第三节 中国碳排放现状 …… 4
第四节 “双碳”背景下煤炭行业的机遇与挑战 …… 4
第五节 中国煤炭行业的发展展望 …… 6

第二章 中国煤炭市场现状分析与趋势展望 …… 7
第一节 宏观经济环境分析 …… 7
第二节 中国能源消费结构分析 …… 17

第三章 中国煤炭消费现状分析及趋势展望 …… 23
第一节 中国煤炭需求及消费结构分析 …… 23
第二节 分行业煤炭消费现状分析及趋势展望 …… 25
第三节 分地区煤炭消费现状分析及趋势展望 …… 44

第四章 中国煤炭供给现状及趋势展望 …… 52
第一节 中国煤炭资源的总体储量及分布 …… 52
第二节 中国煤炭行业产能现状及趋势展望 …… 55
第三节 中国煤炭生产现状及趋势展望 …… 62

第五章 中国煤炭运输现状及规划情况 …… 70
第一节 中国煤炭铁路运输现状及规划情况 …… 70

第二节 中国煤炭港口运输现状及规划情况 …… 81
第三节 中国煤炭运输费用分析及趋势预测 …… 91

第六章 中国煤炭进出口市场分析 …… 99
第一节 中国煤炭进口情况 …… 99
第二节 中国煤炭进口价格现状分析 …… 108
第三节 影响中国煤炭进口的相关因素 …… 114
第四节 中国煤炭进口量及价格预测 …… 121
第五节 中国煤炭出口情况 …… 126
第六节 中国煤炭出口价格现状分析 …… 130
第七节 影响中国煤炭出口的相关因素 …… 133
第八节 中国煤炭出口量及价格预测 …… 134

第七章 中国煤炭价格影响因素及走势分析 …… 136
第一节 中国煤炭价格运行情况 …… 136
第二节 影响国内煤炭价格的主要因素 …… 140
第三节 2021 年中国煤炭价格趋势预测 …… 157

参考文献 …… 162

第一章　碳达峰、碳中和对煤炭市场发展的影响

第一节　碳达峰、碳中和的定义

2020 年 9 月 22 日，习近平主席在第七十五届联合国大会一般性辩论上发表重要讲话时提出，中国将提高国家自主贡献力度，采取更加有力的政策和举措，二氧化碳排放力争于 2030 年前达到峰值，努力争取 2060 年前实现碳中和。这意味着我国作为世界上最大的发展中国家，将完成全球最高碳排放强度降幅，用全球历史上最短的时间实现从碳达峰到碳中和。

碳达峰是指在某一个时间点，二氧化碳的排放达到峰值不再增长，之后逐步降低。碳达峰分为自然达峰和政策驱动达峰。自然达峰与国家经济发展、产业结构及城镇化水平有着密切关系，一些发达国家自然达峰过程都是在经济发展过程中因产业结构变化、能源结构变化、城市化完成而自然形成的。而我国目前工业化、城镇化等过程远未结束，且主要以高耗能高碳排放的建材、钢铁、石化、化工、有色金属冶炼等产业为主。在这样的条件下，2030 年前实现碳达峰，一方面要通过政策手段遏制高耗能高排放项目盲目发展，快速缩短碳达峰时间和降低碳达峰峰值；另一方面要在这一过程中保持经济社会平稳健康发展，特别要保证能源安全、产业链供应链安全和粮食安全。

碳中和是指国家、企业、产品、活动或个人在一定时间内直接或间接产生的二氧化碳或温室气体排放总量，通过植树造林、节能减排等形式，以抵消自身产生的二氧化碳或温室气体排放量，实现相对“零排放”。

第二节 实现碳达峰、碳中和目标的意义

一、体现中国主动承担应对全球气候变化责任的大国担当

气候变化是人类面临的全球性问题,随着世界各国的二氧化碳排放量增多,温室气体陡增,气候变化的形势日益严峻,对生命系统形成了威胁,对人类社会系统的稳定性也形成了威胁,严重地阻碍了人类的可持续发展。为控制温室气体排放,减缓气候变暖,世界各国以全球协约的方式减排控温。目前,占世界国内生产总值(GDP)总量75%和碳排放量65%的国家都提出了各自“碳中和”的远景目标。

近年来,我国积极参与国际社会碳减排活动,主动顺应全球绿色低碳发展潮流,积极布局碳中和措施,已具备了实现碳中和的基本条件。

正式提出“双碳”(碳达峰和碳中和,简称“双碳”)目标是我国基于推动构建人类命运共同体的责任担当和实现可持续发展的内在要求而作出的重大战略决策,展示了我国为应对全球气候变化作出的新努力和新贡献,体现了对多边主义的坚定支持,为国际社会全面有效落实《巴黎协定》注入了强大动力,重振了全球气候行动的信心与希望,彰显了中国积极应对气候变化、走绿色低碳发展道路、推动全人类共同发展的坚定决心。这向全世界展示了应对气候变化的中国雄心和大国担当,使我国从应对气候变化的积极参与者、努力贡献者,逐步成为世界应对气候变化的关键引领者。

二、有助于加快生态文明建设,实现高质量发展

当前我国处于工业化后期向后工业化过渡的关键时期,工业结构偏重、能源结构偏煤、能源利用效率偏低,世界范围内,我国传统污染物排放和二氧化碳排放都处于高位段,严重影响了我国绿色低碳发展和生态文明建设。

“双碳”目标是我国践行生态文明发展理念的重要抓手。生态文明建设是“五位一体”(经济建设、政治建设、文化建设、社会建设、生态文明建设)发展理念的重要方面,近年来,“美丽中国”和“绿水青山就是金山银山”的可持续发展理念贯穿于我国经济社会发展政策的始终。从本质上看,“双碳”目标本身就是生态文明建设的重要内容,也是实现美丽中国目标的必经之路。同时,“双碳”目标意味着我国未来的发展将逐渐与碳“脱钩”,倒逼新一轮能源改革与经济结构升级,这有助于我国发展模式从高速发展向高质量发展的转变。

“双碳”目标对我国绿色低碳发展具有引领性，可以带来环境质量改善和产业发展的多重效应；着眼于降低碳排放，有利于推动经济结构绿色转型，加快形成绿色生产方式，助推高质量发展；突出降低碳排放，有利于传统污染物和温室气体排放的协同治理，使环境质量改善与温室气体控制产生显著的协同增效作用；强调降低碳排放人人有责，有利于推动形成绿色简约的生活方式，降低物质产品消耗和浪费，实现节能减污降碳；加快降低碳排放步伐，有利于引导绿色技术创新，加快绿色低碳产业发展，在可再生能源、绿色制造、碳捕集与利用等领域形成新的增长点，从而有力提高我国产业和经济的全球竞争力。

三、有助于优化我国能源结构，提高能源安全水平

我国“富煤、贫油、少气”的资源禀赋，导致了我国经济发展高度依赖于高碳排放的煤炭，能源消费结构不合理。推进“双碳”目标实现将加速我国能源转型和能源革命的进程，倒逼能源清洁转型，大力发展低碳经济能够重塑绿色、低碳、高效的能源体系。

首先，从能源结构的层面来看，我国的能源结构特点是产业结构偏重、能源消费偏煤、能源效率偏低、油气供应风险偏高，“双碳”目标的提出和实施，将会对我国的经济结构和能源结构产生全面深远的影响。化石能源中的煤炭必须要先“达峰”，未来应大力发展可再生的非核、非化石能源，如水电、光电和风电等。

其次，从产业结构的层面来看，我国应促进工业价值和产业链条的上游向提高能源效率方向发展，从而适应全球产业的低碳发展方式转型。

最后，从区域发展的层面来看，我国应根据不同地区发展不均衡以及基础差异情况，发挥各自的低碳减排以及绿色发展优势。能源生产应向优势地区集中，使具备可再生资源优势的地区和经济技术发达地区先实现“碳达峰”，从而为其他地区的发展留下空间；同时，通过积极探索和建立生态补偿机制，实现区域的协调发展。

碳中和是系统性的能源革命。碳中和的“牛鼻子”是使用清洁能源替代化石能源，这就决定了未来要不断推动发展风能、光能、核能、氢能等非化石能源，来减少煤、油、气等化石能源，并逐步通过电气化将终端消费的碳减排上移至电力生产端。可以预见，新能源汽车、储能设施作为能源革命的一部分，也将伴随清洁能源技术的成熟而迅速得到发展。

我国实现“双碳”目标，必将为全球实现《巴黎协定》规定的目标注入强大动力，为进一步构建人类命运共同体、共建清洁美丽世界作出巨大贡献。

第三节 中国碳排放现状

一、碳排放量居世界首位

2007 年,我国碳排放量超过美国,此后一直居于世界首位。目前,我国碳排放具有总量大、强度高的特点。根据英国石油公司(BP)统计数据,2020 年,我国碳排放量达到 98.99 亿吨,约占全球碳排放总量的 30.7%。2020 年,我国国内生产总值首次突破百万亿元,达到 101.4 万亿元,约占全球 GDP 总量的 17.4%,而碳排放量却占到全球的 30%以上,可见碳排放强度较高。根据世界银行的统计数据测算,我国单位 GDP 能耗约为 99 焦耳/美元,是世界平均水平的 1.47 倍;单位 GDP 碳排放量为 0.69 千克,是世界平均水平的 1.77 倍,碳排放强度显著高于世界的平均水平。

二、“富煤、贫油、少气”的资源禀赋导致碳排放强度高

根据国家统计局公布的数据,2020 年我国能源消费总量约 49.8 亿吨标准煤,其中,煤炭消费量占能源消费总量的 56.8%,天然气、水电、核电、风电等清洁能源消费量占能源消费总量的 24.3%。由此可见,我国能源禀赋的特点和生产消费的现状,导致碳排放比例较高。

三、电力、制造业等高耗能行业是我国能源消费的主要碳源

根据国际能源署的数据,电力、制造、交通三大领域的二氧化碳排放量约占我国二氧化碳排放总量的 89%,其中电力占 51%、制造业占 28%、交通运输业占 10%。2020 年年底,我国煤电装机容量高达 10.95 亿千瓦,占我国总装机容量的 49.8%,全国煤电发电量在总发电量中的占比仍然高达 65%左右。

第四节 “双碳”背景下煤炭行业的机遇与挑战

实现碳达峰和碳中和需要解决的是能源问题,可再生能源替代化石能源是实现“双碳”目标的主导方向。当前,碳达峰、碳中和已纳入国家生态文明建设的整体布局中,碳中和意味着经济发展和碳排放必须在很大程度上脱钩。但是推动经济增长模式的绿色低碳转型不可能一蹴而就,煤炭工业实现绿色低碳转型,既面临着严峻的挑战,同时也迎来难得的发展机遇。

一、面临的挑战

(1) 倒逼产业结构调整。碳达峰、碳中和并不是简单的“去煤化”，未来相当长一段时间内，煤炭依然是我国能源安全的稳定器和压舱石。要实现“双碳”目标，煤炭的生产端和消费端的重大基础设施，将面临在2060年前完全实现脱碳化改造升级的巨大挑战。同时，高能耗地区的产业结构调整将成为能源消费强度控制工作的重要着力点，以煤炭为主的传统生产和消费的地区，将面临主体性产业替换的严重冲击；钢铁、有色、化工、水泥等高耗能产业为主导的区域也将面临同样的产业结构调整的挑战。

(2) 相关技术创新面临挑战。目前，我国二氧化碳捕集、利用与封存(carbon capture, utilization and storage, CCUS)技术链条发展应用水平不一致，低碳、零碳、负碳等技术仍不成熟。同时，清洁能源运输优化、存储等技术上如何实现突破，碳捕集技术如何实现有效应用、升级并逐渐趋于成熟等，均是“双碳”目标实现形势下面临的巨大挑战。

(3) 资源能源型省(自治区)的财政面临冲击。山西、内蒙古、陕西等煤炭主要产区，其政府财政收入对煤炭依赖性强。“双碳”战略的实施将不可避免地对相关区域的主导产业产能等造成巨大的冲击，进而导致经济效益下降和产能过剩，对当地财政收入和经济、社会的可持续发展将产生相当大的冲击。

(4) 区域金融体系面临压力。能源和经济在实施低碳转型的过程中，涉及高碳排放的资产价值下跌是不可避免的，并可能会引起资产搁浅、高碳资产泡沫破灭、高碳产业和企业消失等一系列问题，贷款、债券违约和投资损失风险也会上升，进而成为区域乃至整个金融体系稳定的风险源。

二、带来的机遇

(1) 有利于提升我国的国际竞争力。低碳转型为我国提供了与发达国家同起点、同起步的重大机遇，促进我国在能源结构、产业结构、社会观念等方面主动进行全方位、深层次的系统性变革，从而提升我国的能源安全水平。如果同步加入5G、人工智能等技术，那么将为自主创新与产业升级带来新的机遇，推动国内产业加快转型，能有力提振我国经济的竞争力，而且能够有力巩固我国在科技领域国际领先的地位。

(2) 有助于煤炭行业的技术升级。借助实现“双碳”目标，我国将积极推进新能源和低碳技术的价值链延伸，在扩大绿色经济领域就业机会的同时，将会催生各种高效用电技术、新能源汽车、零碳建筑、零碳钢铁、零碳水泥等新型脱碳化产业和技术产品，有助于推动低碳原材料替代、生产工艺升级、能源利用效率提升，从而构建低碳、零碳、负碳的新型产业体系。

(3) 有助于新能源产业发展。为实现“双碳”目标，我国将加快发展可再生能源，有力降低化石能源的比重，这样，就为清洁、绿色能源产业带来巨大的发展空间。

(4) 有利于催生新的商业模式。在实现“双碳”目标的过程中，通过提高工业全要素生产率，改变生产方式，加快节能减排技术改造，培育新的商业模式，从而实现能源生产与消费的结构调整、优化和升级的整体目标，是“双碳”工作的重要举措。同时，将会倒逼企业加快制定绿色转型发展新战略，借助数字技术和数字业务推动商业模式转型和数字化商业生态重构，以体制与技术创新形成低碳、低成本发展模式及绿色低碳投融资的合作模式。

第五节　中国煤炭行业的发展展望

鉴于我国资源禀赋和经济发展的所处阶段和特点，煤炭消费量占比虽有所下降，但煤炭在能源体系中的“压舱石”和“稳定器”作用却越来越凸显。结合发达国家的发展历程，即使有可替代煤炭的能源选择，但这些国家在碳达峰后仍然在使用煤炭，只是煤炭的用途发生了方方面面的变化。

(1) 煤炭成为精品。虽然煤炭产量降低，但是价格回归到应有的本真价值，从而反映出地表无塌陷、生态无损伤条件下的绿色、低碳煤炭生产的完全成本。

(2) 煤炭行业成为现代化能源供应系统的重要组成部分。按需灵活生产和发展煤炭、电力、碳材料等，井下巷道储能，可以平抑可再生能源的波动，煤炭与可再生能源实现互补，从而稳定清洁能源的供应。

(3) 煤炭矿区成为零碳、负碳清洁能源生产基地。地下空间碳固化、碳封存，可以就地处置煤炭利用产生的二氧化碳；地面可再生能源的利用，可实现零碳排放；同时，矿区植被形成碳汇，从而实现负碳排放。

(4) 煤炭企业成为清洁能源和高端材料的供应商。通过“双碳”目标的实现，煤炭企业将成为新能源开发的主阵地、煤基高端碳材料的引领者。

综合测算，到 2060 年，我国仍需要将煤炭作为电力调峰、碳质还原剂，起到保障油气供应安全的作用，预计年煤炭需求量为 11.8 亿～15.3 亿吨。

第二章　中国煤炭市场现状分析与趋势展望

第一节　宏观经济环境分析

一、宏观经济环境现状

2020年伊始，突如其来的新冠肺炎疫情给我国经济社会发展带来了前所未有的冲击，随着疫情在全球的快速蔓延，全球经济遭受了严重衰退。产业链供应链循环受阻，国际贸易投资萎缩，我国经济面临的不稳定、不确定因素显著增多。可喜的是，国内新冠肺炎疫情在短期内得到了较好的控制，疫情影响并未冲击到我国经济稳中向好、长期向好、高质量发展的基本面，所以我国经济的长期增长中枢仍然处于正常运行轨道。

（一）2020年GDP增速由负转正，经济结构持续优化调整

2020年，面对新冠肺炎疫情巨大冲击和复杂严峻的国内外环境，在疫情基本得到控制后，我国经济复苏态势持续向好，总需求继续平稳回升。2020年，我国GDP为1 013 567亿元，迈上百万亿元新台阶，按不变价格计算，比2019年增长2.2%。2019—2020年全国GDP季度累计增长率如图2-1所示。2020年我国经济增速由负转正，供需关系逐步改善，市场活力、动力增强，就业、民生有了较好保障，国民经济呈现延续稳定恢复的态势，社会大局保持了稳定。我国经济运行出现诸多积极变化：一是疫情常态化下，我国经济持续复苏；二是工业已基本恢复至正常水平，服务业正逐步加快复苏；三是固定资产投资转正，地产投资超预期；四是社会融资存量增速进一步上行，融资结构持续优化；五是新冠肺炎疫情催生了产业转型，新动能引领作用凸显。

（二）工业生产稳定恢复，智能化转型步伐加快

2021年，新冠肺炎疫情持续在全球蔓延，国际环境越发错综复杂，国内工业生产活动受到了严重冲击，但我国工业经济顶住了压力，扭转了生产大幅下滑的局

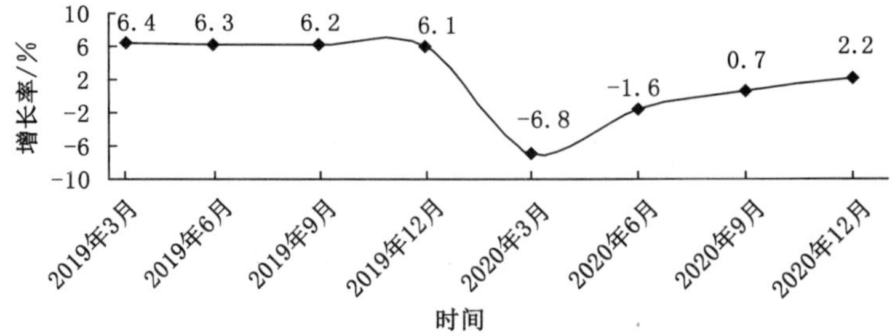

图 2-1　2019—2020 年全国 GDP 季度累计增长率

(数据来源:国家统计局)

面,整体呈现出“生产增速逐季加快、产销衔接不断改善、市场主体信心明显增强”的持续稳定恢复性态势。产业转型升级有序推进,传统制造业加快向智能、绿色、高端、服务等方向发展,工业可持续发展动力不断增强。2020 年,全国规模以上工业增加值比上年增长 2.8%。2019—2020 年全国工业增加值月度同比以及累计同比如图 2-2 所示。

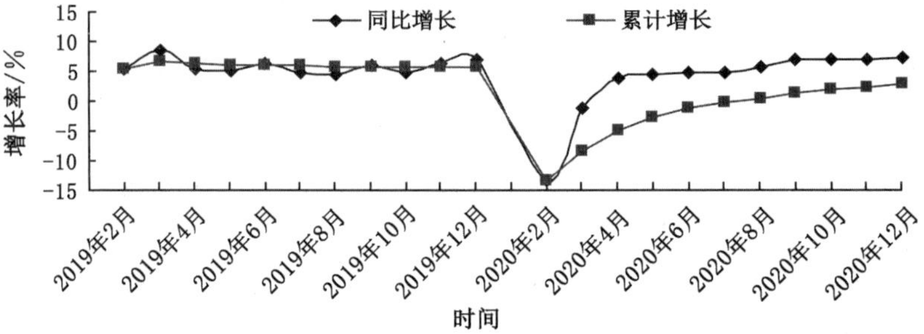

图 2-2　2019—2020 年全国工业增加值月度同比以及累计同比

(数据来源:国家统计局)

2020 年,我国制造业发展态势总体持续回暖,经济继续保持稳定复苏的态势。分项指数变化显示,市场需求增长态势较为稳定,企业生产活动保持平稳,进出口发展态势继续改善,高端制造业持续快速增长。2020 年 12 月,中国制造业采购经理人指数(PMI)达到 51.9,连续 10 个月位于临界点以上。2019—2020 年我国制造业 PMI 走势如图 2-3 所示。

2020 年,我国经济运行逐步复苏,电力供应能力稳步跟进,全国电力供需总体平衡。2020 年,全社会用电量 7.51 万亿千瓦时,同比增长 3.1%,如图 2-4 所示。综合考虑国内外经济形势、气象条件、电能替代等对全社会用电量的影响,

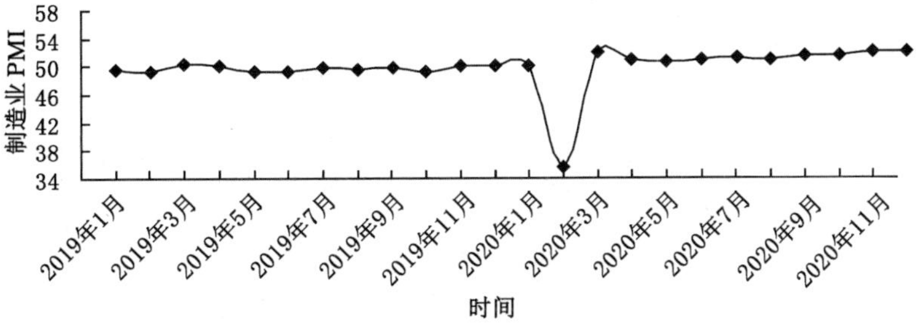

图 2-3　2019—2020 年我国制造业 PMI 走势

（数据来源：国家统计局）

预计 2021 年全社会用电量增速前高后低，全年增长 6%～7%。预计 2021 年全国基建新增发电装机容量1.8 亿千瓦左右，其中非化石能源发电装机投产 1.4 亿千瓦左右。

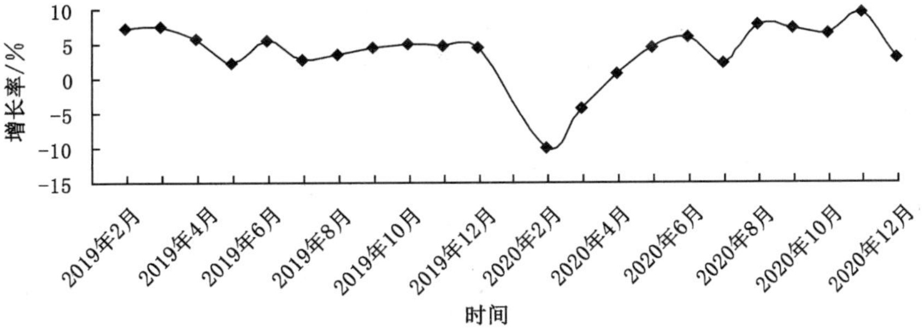

图 2-4　2019—2020 年全社会用电量月度增长率

（数据来源：国家能源局）

作为工业经济的"晴雨表"，铁路货运量继续回暖，随着下游需求的增加，煤炭生产量同比会提升，加之"公路治超""环渤海禁汽运煤""公转铁"等政策因素的影响，铁路煤炭运量平稳增长，如图 2-5 所示。2020 年，全国铁路发运煤炭23.6 亿吨，下降 4.0%。煤炭发运量占铁路货运总量的 53.2%。其中，电煤发运量为 17.2 亿吨，下降 4.8%；重要运煤通道大秦线发运煤炭 4.05 亿吨，下降 5.99%。

2020 年，我国的货币政策是根据疫情防控和经济社会恢复发展的阶段性特征分层次、有梯度地出台的。稳健的货币政策和积极的财政政策相互配合，全力做好"六稳""六保"工作，为疫情防控、经济恢复增长提供了有力支持。2020 年，人民币贷款增加了 19.63 万亿元，同比增加了 2.82 万亿元，明显高于上年同期，如图 2-6 所示。

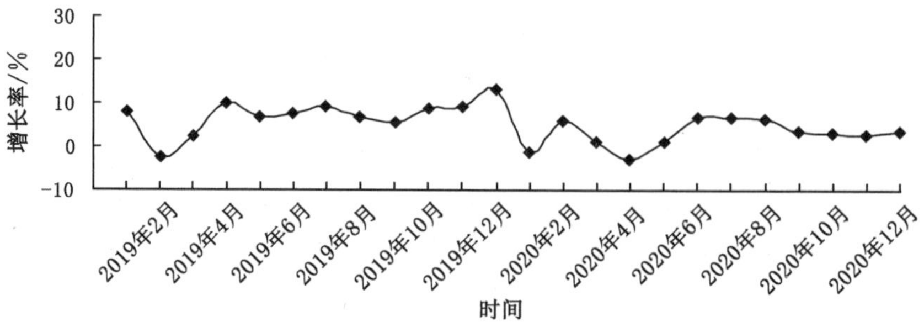

图 2-5　2019—2020 年全国铁路货运量月度增长率

(数据来源:国家统计局)

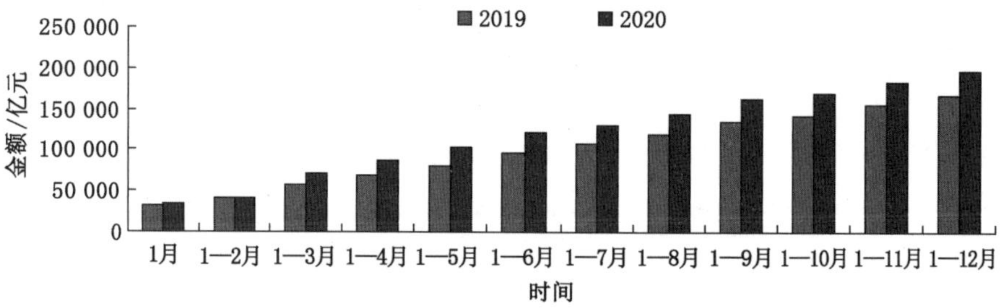

图 2-6　2019 年与 2020 年全国新增贷款金额比较

(数据来源:国家统计局)

(三) 三大需求支撑,经济逐季转好

1. 固定资产投资增速由负转正,高技术产业和社会领域投资持续回升

2020 年,全国固定资产投资(不含农户)518 907 亿元,比上年增长了 2.9%。分领域来看,基础设施投资平稳增长,2020 年基础设施投资比上年增长了 0.9%;制造业固定投资降幅持续收窄,2020 年制造业固定投资比上年下降了 2.2%;房地产开发投资增长较快,2020 年房地产开发投资比上年增长了 7.0%。2019—2020 年全国主要行业固定资产投资月度累计增长率如图 2-7 所示。

2. 消费市场持续回升,产业转型步伐加快

2020 年,新冠肺炎疫情对我国消费市场造成了前所未有的冲击,随着我国疫情防控取得重大战略成果,扩大内需、促进消费等政策措施也逐步落地见效,消费市场稳步复苏、持续回升。2020 年,社会消费品零售总额 391 981 亿元,比上年下降了3.9%(图 2-8),降幅比上半年收窄 7.5 个百分点,最终消费率 54.3%,消费仍然是经济稳定运行的“压舱石”。随着供给侧结构性改革深入推进,减税降费、“放管

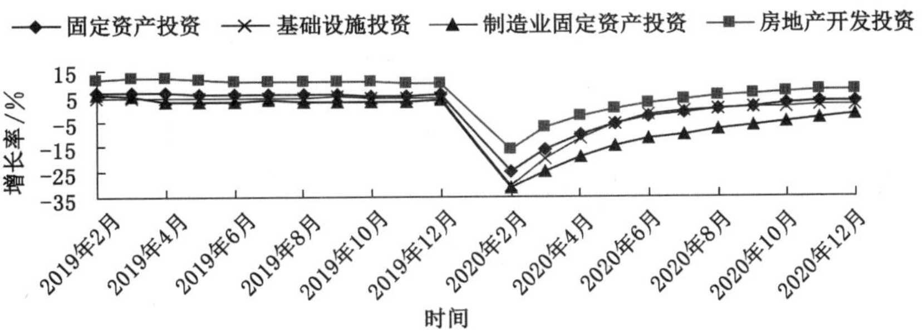

图 2-7　2019—2020 年全国主要行业固定资产投资月度累计增长率

（数据来源：国家统计局）

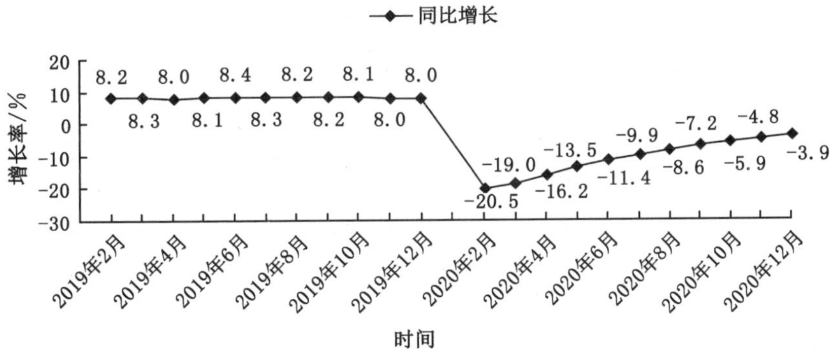

图 2-8　2019—2020 年我国社会消费品零售总额月度累计增长率

（数据来源：国家统计局）

服”改革、发展流通促进商业消费等政策措施的进一步贯彻落实，以及新模式、新业态的快速发展，预计后期消费将保持平稳增长的态势。

3. 进出口保持增长，贸易结构继续改善

2020 年以来，面对严峻复杂的国际形势和新冠肺炎疫情的严重冲击，我国应对措施得力，所以，我国外贸进出口明显好于预期，外贸规模再创历史新高，成为全球唯一实现货物贸易正增长的主要经济体，这充分体现了我国外贸的强大韧性和综合竞争力。2020 年，我国货物贸易进出口总值 32.16 万亿元，比 2019 年增长了 1.9%。其中，出口总值17.93万亿元，增长了 4%；进口总值 14.23 万亿元，下降了 0.7%；贸易顺差 3.7 万亿元，增长了27.4%。如图 2-9 所示。

（四）消费者物价指数（CPI）增速下滑，生产价格指数（PPI）低位回升

2020 年以来，在国内外环境复杂多变的情况下，国内市场价格继续保持平稳

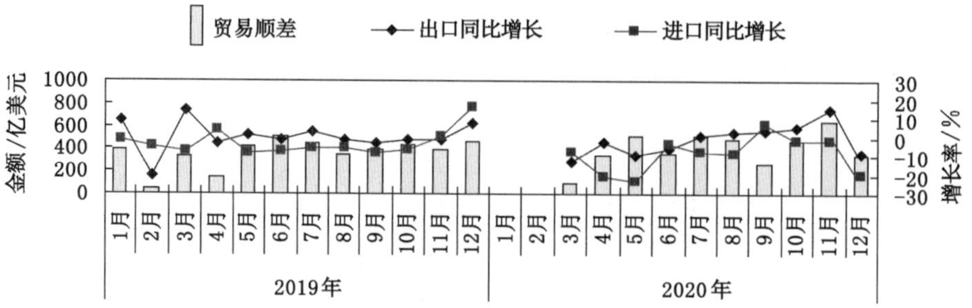

图 2-9 2019—2020 年我国进出口金额同比增速以及贸易顺差

(数据来源:国家统计局)

运行态势。消费领域价格增速下滑,国内“宽信用”政策对非食品价格构成起到了提振作用。深入分析发现,虽然消费逐步回暖带动了部分行业价格的回升,但在常态化疫情防控要求的限制下,CPI 非食品分项同比亦难以大幅反弹。随着国内工业生产持续恢复,工业生产价格趋于回升,外需回暖将进一步带动 PPI 的上升,基建、房地产投资需求依旧旺盛,制造业生产全面恢复,这样将会持续对 PPI 起到积极的提振作用。2019—2020 年我国 CPI 与 PPI 月度同比增长率如图 2-10 所示。

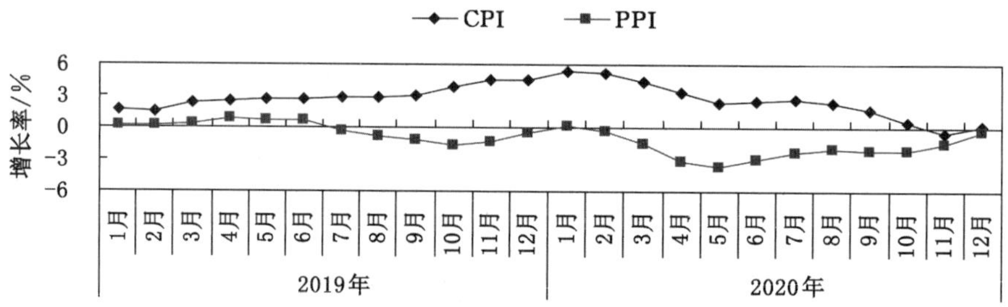

图 2-10 2019—2020 年我国 CPI 与 PPI 月度同比增长率

(数据来源:国家统计局)

(五)广义货币(M2)增速基本稳定,宏观杠杆率阶段上升

2020 年,我国货币政策更加灵活适度、导向精准,坚持以总量政策适度、融资成本明显下降、支持实体经济三大确定性政策来应对高度不确定的形势。根据疫情防控和经济社会发展的阶段性特征,灵活把握货币政策调控的力度、节奏和重点,为保市场主体稳就业营造了适宜的货币金融环境,为疫情防控、经济恢复增长提供了有力支持。数据显示,截至 2020 年 12 月,我国广义货币(M2)余额

218.68 万亿元，同比增长了 10.1%；狭义货币(M1)余额 62.56 万亿元，同比增长了 8.6%，如图 2-11 所示。

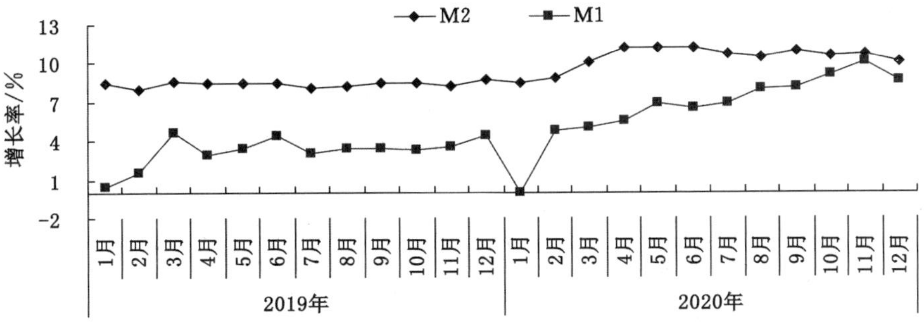

图 2-11　2019—2020 年我国 M1 与 M2 同比增长率

（数据来源：国家统计局）

二、宏观经济环境展望

(一) 2021 年 GDP 增速预期 8%左右

2021 年，如果国内新冠肺炎疫情能得到有效控制、不会再次出现大规模爆发，那么中国经济将回到正常运行的轨道。由于 2020 年基数较低，2021 年中国经济将实现恢复性增长，预计 2021 年中国经济增长将达到 8%左右，并呈现出“总体偏高、逐季回落”的运行态势，经济增长的主要动力将来自消费和制造业的投资。2011—2021 年我国 GDP 年度累计增速走势及预测如图 2-12 所示。

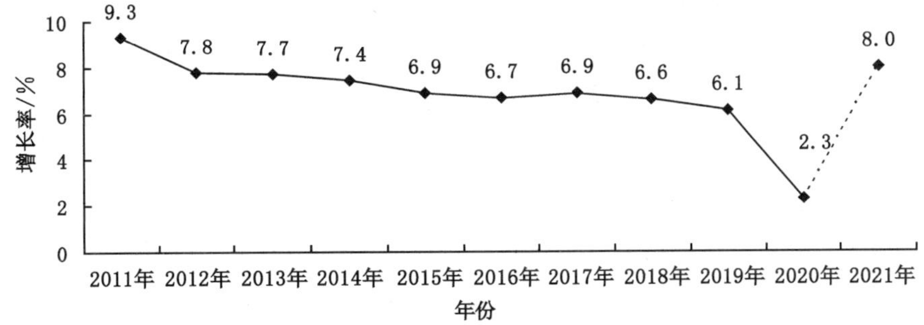

图 2-12　2011—2021 年我国 GDP 年度累计增速走势及预测

（数据来源：国家统计局）

2021 年，中国宏观经济一方面要高度关注“疫情得到控制—经济全面恢复—政策逐步退出—新战略全面启动”的发展态势，另一方面仍需关注“疫情新不确定性、国际政治新不确定性、政策退出风险、战略转换成本”等新的问题。2021 年中国宏观经济是否能够完全常态化,依然具有强烈的不确定性。

(二) 应对新环境、新挑战,推动经济高质量发展

2021 年是中国完成 2020 年决胜之年后,实施“十四五”规划和 2035 年远景目标的开局之年。中国将主动应对新环境、新挑战,坚持新发展理念,力主办好自己的事,通过持续深化供给侧结构性改革,构建“双循环”新格局,推动经济社会高质量发展。

(1) “五位一体”的要素市场改革,加快释放新的经济增长潜力。资本市场将获得前所未有的发展。

(2) 加快形成高级化的现代产业体系。

(3) 以长三角、粤港澳、京津冀、成渝等为代表的城市群将承载更多的人口和经济总量,形成经济发展的多个增长极。

(4) 形成全球最大、最活跃的消费市场。

(5) 在逆风逆水的外部环境中构建更高水平的开放格局。

(三) 着力打造“十四五”期间的四大增长点

中国的国民经济和社会发展将在“十四五”期间发生重大的变化,关键领域的自主技术发展将提速,高能耗或高排放的产业将让位给低能耗或低排放的产业,而政府目标将从单一的经济增长目标转向社会和经济的协调发展上来。我国将着力打造“十四五”期间的四大增长点:一是重视自主技术,释放技术创新活力,建立完整的产业链;二是坚持走新型城市化的发展道路,围绕中心城市打造城市化区域,提升城市综合竞争力,切实关注社会发展;三是促进公共服务的均等化,包括教育、医疗、社会保障、健康、养老、文化等各个方面;四是坚持绿色发展,并将这个目标分解到各个省市及各个企业,走出一条生产发展、生活富裕、生态良好的绿色发展道路。

从各省(直辖市、自治区)来看,各省(直辖市、自治区)经济结构模式不同、供给侧结构性改革等对其 GDP 的影响程度不一样,“十四五”期间,各省(直辖市、自治区)GDP 走势也会有所不同。

2016—2021 年各省(直辖市、自治区)GDP 增长率及其走势预测如表 2-1 所列。

表 2-1　2016—2021 年各省(直辖市、自治区)GDP 增长率及其走势预测 单位:%

省 (直辖市、自治区)	增长率					
	2016 年	2017 年	2018 年	2019 年	2020 年	2021 年(预测)
北京	6.7	6.7	6.6	6.1	1.2	8.0
天津	9.0	3.6	3.6	4.8	1.5	7.6
河北	6.8	6.7	6.6	6.8	3.9	8.8
山西	4.5	7.0	6.7	6.2	3.6	8.4
内蒙古	7.2	4.0	5.3	5.2	0.2	7.3
辽宁	−2.5	4.2	5.7	5.5	0.6	7.0
吉林	6.9	5.3	4.5	3.0	2.4	7.0
黑龙江	6.1	6.4	4.7	4.2	1.0	6.0
上海	6.8	6.9	6.6	6.0	1.7	7.3
江苏	7.8	7.2	6.7	6.1	3.7	7.4
浙江	7.5	7.8	7.1	6.8	3.6	7.7
安徽	8.7	8.5	8.0	7.5	3.9	7.3
福建	8.4	8.1	8.3	7.6	3.3	8.0
江西	9.0	8.9	8.7	8.0	3.8	8.0
山东	7.6	7.4	6.4	5.5	3.6	7.2
广东	7.5	7.5	6.8	6.2	2.3	7.5
广西	7.3	7.3	6.8	6.0	3.7	7.5
海南	7.5	7.0	5.8	5.8	3.5	7.6
河南	8.1	7.8	7.6	7.0	1.3	7.8
湖北	8.1	7.8	7.8	7.5	−5.0	8.0
湖南	7.9	8.0	7.8	7.6	3.8	8.0
陕西	7.6	8.0	8.3	6.0	2.2	7.5
甘肃	7.6	3.6	6.3	6.2	3.9	7.4
青海	8.0	7.3	7.2	6.3	1.5	7.5
宁夏	8.1	7.8	7.0	6.5	3.9	7.8
新疆	7.6	7.6	6.1	6.2	3.4	7.0
重庆	10.7	9.3	6.0	6.3	3.9	7.3
四川	7.7	8.1	8.0	7.5	3.8	7.8
贵州	10.5	10.2	9.1	8.0	4.5	8.0
云南	8.7	9.5	8.9	8.1	4.0	8.5
西藏	10.0	10.0	9.1	8.1	7.8	9.0

数据来源:国家统计局、各省(直辖市、自治区)政府工作报告等。

三、经济环境对煤炭行业的影响

新冠肺炎疫情发生以来，全球政治经济格局深度调整，经济“绿色复苏”将加快绿色能源发展的步伐。从“十四五”开始，中国将致力于构建国内国际双循环相互促进的新发展格局，推动实现碳中和目标，能源绿色转型变得尤为迫切。2020年以来，煤炭工业发展面临的内外部环境更加错综复杂。

从国际来看，世界经济在深度调整中曲折复苏、增长乏力，国际能源格局发生了重大调整，能源结构清洁化、低碳化趋势明显，煤炭消费比重下降，消费重心加速东移，煤炭生产向集约高效方向发展，企业竞争日趋激烈，外部风险挑战加大。

从国内来看，新冠肺炎疫情进入常态化防控阶段，经济发展从高速增长转向中高速增长，向形态更高级、分工更优化、结构更合理的阶段演化，能源革命加快推进，油气替代煤炭、非化石能源替代化石能源双重更替步伐加快，生态环境约束不断强化，煤炭行业提质增效、转型升级的要求更加迫切，行业发展面临历史性拐点。

(一) 能源需求增速放缓

在经济增速趋缓、经济转型升级加快、供给侧结构性改革力度加大等因素共同作用下，能源消费强度降低，能源消费增长换挡减速。“十四五”期间，预计我国经济年均实际增长5.6%左右，第三产业比重年均提高1个百分点，钢铁、有色金属、建材等主要耗能行业产品需求增长空间有限，能源消费年均增长3%左右，增速明显放缓。“十四五”末，全国煤炭消费量将控制在42亿吨左右。

(二) 5G等现代技术加速融入能源技术领域

5G等现代技术将适配各种复杂丰富的行业应用场景，推动煤炭勘查、输配、加工及利用全产业链的智能化改造。随着5G核心技术和关键装备深入研发，以及5G技术国际标准和生态系统的逐步构建，能源生产输配利用的各环节将得到进一步优化，可望加速煤炭行业数字化转型，从而提升煤炭生产效率和管理水平。

(三) 生态环保和应对气候变化压力增加

我国资源约束趋紧，环境污染严重，人民群众对清新空气、优质水源、清洁环境等生态产品的需求迫切。我国是二氧化碳排放量最大的国家，已提出2030年前二氧化碳排放达到峰值的目标，国家将保护环境确定为基本国策，大力推进生态文明建设。在碳达峰、碳中和目标下，煤炭发展的生态环境约束日益强化，煤炭行业发展必须走安全绿色开发与清洁高效利用的道路。

(四) 煤炭工业发展迎来诸多历史机遇

“一带一路”建设、京津冀协同发展、长江经济带发展三大国家战略的实施，给经济增长注入了新的动力。我国将煤炭清洁高效开发利用作为能源转型发展的立足点和首要任务，为煤炭行业转变发展方式、实现清洁高效发展创造了有利条件。同时，国家大力化解过剩产能，为推进煤炭领域供给侧结构性改革、优化布局和结构创造了有利条件。现代信息技术与传统产业深度融合发展，为煤炭行业转换发展动力、提升竞争力带来了新的机遇。

第二节　中国能源消费结构分析

一、中国能源消费结构现状

近年来，我国能源消费总量持续上升。从增速来看，从 2012 年开始，同比增速持续下降，但是自 2015 年又开始回升。与 2010 年(7.3%)、2011 年(7.3%)的高增速相比，2012 年以来能源消费均属于低增速状态。在国家政策的持续推动下，我国能源结构大幅优化，清洁低碳化进程不断加快。国家统计局数据显示，我国煤炭消费占比由 2010 年的 69.2%下降到 2019 年的 57.7%；天然气、一次电力及其他能源等清洁能源占比总体持续提高，由 2010 年的 13.4%提高到 2019 年的 23.4%。2010—2020 年中国一次能源消费结构占比如图 2-13 所示。

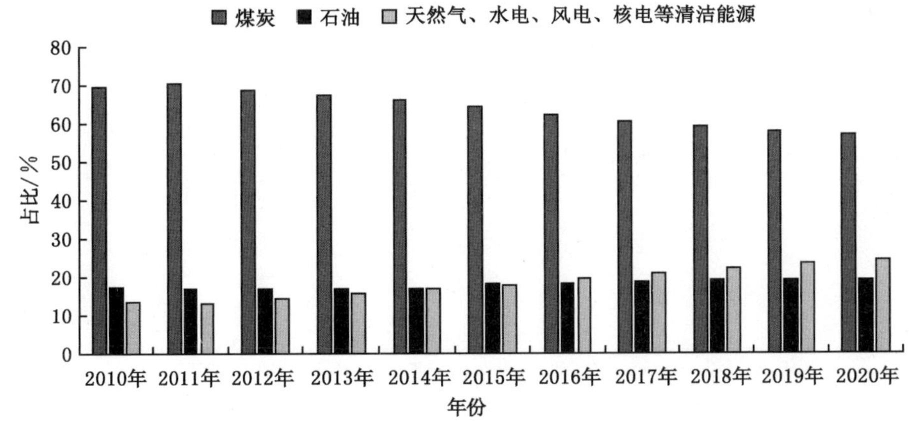

图 2-13　2010—2020 年中国一次能源消费结构占比

(数据来源：国家统计局)

2020 年，在深化能源供给侧结构性改革、优先发展非化石能源等一系列政策措施的大力推动下，我国清洁能源继续快速发展，清洁能源比重进一步提升，能源结构持续优化。经过测算,2020 年能源消费总量 49.8 亿吨标准煤①,比上年增长 2.2%。煤炭消费量增长 0.6%,原油消费量增长 3.3%,天然气消费量增长 7.2%,电力消费量增长 3.1%。煤炭消费量占能源消费总量的 56.8%,比上年下降 0.9 个百分点;天然气、水电、核电、风电等清洁能源消费量占能源消费总量的 24.3%,比上年上升 0.9 个百分点。重点耗能工业企业单位电石综合能耗同比下降 2.1%,单位合成氨综合能耗同比上升 0.3%,吨钢综合能耗同比下降 0.3%,单位电解铝综合能耗同比下降 1.0%,每千瓦时火力发电标准煤耗同比下降 0.6%。全国万元国内生产总值二氧化碳排放同比下降1.0%。

(一) 煤炭消费逐渐下降是大势所趋

2018 年,中国稳步开展能源结构调整优化,重点区域继续实施煤炭消费总量控制,煤炭占一次能源消费比例首次低于 60%,较 2017 年下降了 1.6 个百分点,非化石能源和天然气消费量明显提升。国家统计局数据显示,尽管煤炭在中国能源结构中的比重正在缩小,但从绝对值上看,2018 年煤炭消费量仍较 2017 年煤炭消费量有所增长。

2019 年,全国煤炭消费量约 40 亿吨,消费量增长了 1.1%。2020 年,煤炭消费量增长了 0.6%,占能源消费总量的 56.8%,比上年下降了 0.9 个百分点。2010—2020 年我国煤炭消费占能源消费总量比重如图 2-14 所示。当前,我国能源发展正处于油气替代煤炭、非化石能源替代化石能源的双重更替期,新能源和可再生能源

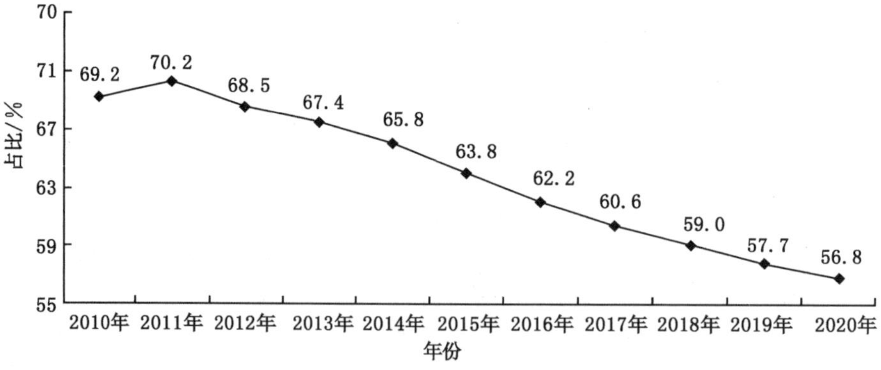

图 2-14 2010—2020 年我国煤炭消费占能源消费总量比重

(数据来源:国家统计局的《中国统计年鉴 2021》)

---

① 标准煤是指热值为 7 000 千卡/千克的煤炭(1 千卡=4.186 千焦,下同)。它是标准能源的一种表示方法。由于煤炭、石油、天然气、电力及其他能源的发热量不同,为了使它们能够进行比较,以便计算、考察国民经济各部门的能源消费量及其利用效果,通常采用标准煤这一标准折算单位。

对化石能源,特别是对煤炭的增量替代效应明显。煤炭消费逐渐下降是大势所趋,但煤炭目前仍是我国最主要的消费能源,在我国经济发展中的战略地位依然不可动摇,占一次能源消费总量的比例在55%以上。

（二）石油消费增速稳中有升

2015年至今,中国汽车保有量始终维持在正增长状态,这是汽油消费量上升的主要原因。但是,伴随着汽车保有量及汽油消费量基数的增大,相应的增长速度也出现放缓的态势。2015—2018年供给侧结构性改革期间,中国经济稳步转型,柴油消费增速出现震荡,2016年出现罕见的负增长,2018年柴油消费负增长再度出现,并在2019年延续。2019年国内汽车保有量达2.6亿辆,同比增长8.83%。汽油消费量继续呈现涨势,但上涨动能明显减弱。2010—2020年我国石油消费占能源消费总量比重如图2-15所示。

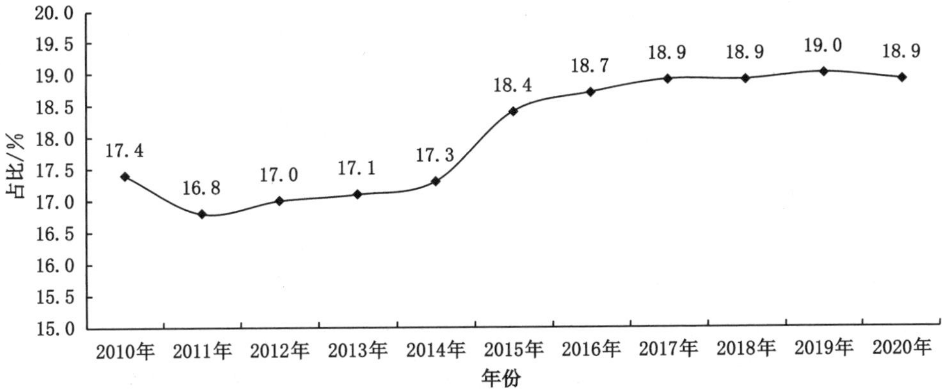

图2-15　2010—2020年我国石油消费占能源消费总量比重

2020年,中国成品油表观消费量呈先明显下降后稳步上升的态势,全年成品油表观消费量2.9亿吨,同比下降了6.6%。分季度来看,一季度成品油表观消费量同比下降了12.9%;二季度环比增加了37%,同比下降了6%,降速放缓;三季度同比增长了0.9%,缓慢复苏;四季度国内新冠肺炎疫情零星散发,成品油需求下降,表观消费量同比下降了6.1%。分品种来看,2020年汽油表观消费量1.16亿吨,同比下降了7.1%;柴油表观消费量1.4亿吨,同比下降了3.9%;航空煤油表观消费量3 310.3万吨,同比下降了14.6%。

（三）天然气消费增速放缓

2019年,中国宏观经济平稳运行,天然气行业增速减缓,天然气表观消费量为3 067亿立方米,同比增长了9.4%,增速环比2018年下降8.7个百分点。

2020年,新冠肺炎疫情暴发对中国经济社会和能源发展带来了较大影响,天然气需求增速明显放缓。2020年上半年,天然气消费仍保持正增长,消费量1 487亿立方米,同比增长了1.2%左右,但消费结构化差异走势明显。

(四)电力消费结构继续优化

2020年一季度因新冠肺炎疫情影响,电力消费增速出现负增长,但随着我国经济社会持续稳定恢复,电力需求呈现稳步回升态势。2020年年末,在多轮寒潮天气等因素叠加影响的情况下,能源需求快速增长,电力生产企业加大供应力度,有效保障了民生和有关重点需求。2020年全社会用电量75 110亿千瓦时,同比增长了3.1%。分产业来看,第一产业用电量859亿千瓦时,同比增长了10.2%;第二产业用电量51 215亿千瓦时,同比增长了2.5%;第三产业用电量12 087亿千瓦时,同比增长了1.9%;城乡居民生活用电量10 949亿千瓦时,同比增长了6.9%。

二、中国能源消费结构展望

2020年,新冠肺炎疫情给我国宏观经济和能源产业带来了前所未有的冲击,一季度国内生产总值同比下降了6.8%,主要宏观经济指标出现了明显下滑。能源消费总量同比下降了2.8%,全社会用电量同比下降了6.5%,规模以上工业发电量同比下降了6.8%。与此同时,我国经济社会发展经受住了新冠肺炎疫情带来的严峻考验,经济社会发展各项工作正常秩序有序恢复,能源领域复产增产势头良好,自3月末开始,全国日发电量、电网日调度发售电量均开始超过2019年同期水平,4月,全国发电量已经转为正增长,电力需求逐步回升。新冠肺炎疫情虽然对一季度的经济数据造成了一定的影响,但没有改变我国经济稳健发展的环境和态势。随着复工复产的推进,国内需求回暖,拉动能源消费逐步反弹回升,但全年增速有所放缓。

此外,国家能源局印发了《2021年能源工作指导意见》,提出了2021年主要预期目标。其中,在能源结构方面,煤炭消费比重下降到56%以下。新增电能替代电量约2 000亿千瓦时,电能占终端能源消费比重达到28%左右。

2021年是中国共产党成立100周年,也是“十四五”开局之年。我国政府提出,力争2030年前实现二氧化碳排放达到峰值,努力争取在2060年前实现碳中和目标。到2030年,非化石能源占一次能源消费比重将达到25%,风电、太阳能发电总装机容量将达到12亿千瓦。“十四五”时期,我国将不断完善能源产供储销体系,着力增强能源产业链、供应链安全性,全面构建清洁低碳、安全高效的能源体系,持续强化能源安全保障能力。随着能源清洁低碳转型的深入推进,我国将逐步摆脱化石能源的依赖。

综合分析来看,2021年我国能源消费将呈现延续清洁化、高效化趋势,消费总量呈低速增长,清洁能源比例继续提高,交通与建筑用能依然是能源消费增长的主要驱动力。根据初步测算,到2060年,我国非化石能源消费占比将由目前的16%左右提升到80%以上,非化石能源发电量占比将由目前的34%左右提高到90%以上,基本建成以非化石能源为主体、安全可持续的能源供应体系,实现能源领域深度脱碳和本质安全。

（一）煤炭消费增速趋缓

在稳中求进的工作总基调下,我国经济运行总体维持平稳增长,带动煤炭需求维持刚性消费。然而,随着科技进步、大气环境治理、节能减排、非化石能源等对煤炭的替代作用不断增强,煤炭消费增速将有所下降。一方面,伴随着电力在终端能源消费中的比重越来越高,电力行业煤炭需求预计还将有所增加;另一方面,随着供给侧结构性改革、控制煤炭消费总量以及《打赢蓝天保卫战三年行动计划》的深入推进,钢铁、建材及其他行业散煤消耗也将持续减少,而现代煤化工用煤有望继续保持稳定增长。综合来看,2021年煤炭消费增幅不大。

（二）成品油消费低速增长

我国乘用车产销增长总体不乐观,以及燃油效率提升、替代能源的快速发展和共享单车等出行方式的变革,在一定程度上降低了汽油消费。受经济下行压力加大以及"公路运输转铁路运输""公路运输转水路运输""公路治理""城市绿色配送行动"等政策持续推进的影响,柴油消费整体将呈现低迷。随着我国人均可支配收入、飞机保有量、新建机场数量持续增加,航空周转量总体保持增长,预计将拉动煤油消费的增长。综合来看,随着经济复苏,2021年成品油消费将保持低速增长态势。

（三）天然气消费保持较快增长

我国经济转向高质量发展阶段,环境约束将日趋严格。未来国家将持续推进环保政策,加强环保监管,各地仍面临着较大的环保压力。环保压力、城镇天然气管道和用气人口显著增加,将推动天然气消费出现较快增长,主要增量来自居民生活和供热用气。然而,工业燃料用气受制于经济下行压力、燃气发电受制于发电成本等,短期依旧难以得到大幅改观。2020年,天然气消费量达到3 280亿立方米,同比增长6.9%,预计2021年将保持这一速度稳步增长。

（四）非化石能源利用得到进一步加强

非化石能源是我国能源开发利用中非常重要的一部分,随着经济的发展和技术的进步,未来该类能源会得到进一步开发利用。但无论是风能、太阳能还是地热能、生物质能,或者是其他形式的非化石能源,都存在着比较大的能源利用限制,从而加大了能源开发利用的成本。尽管此类能源的开发利用得到了快速发展,但是其总量在我国能源结构中的占比仍然有限。

第三章　中国煤炭消费现状分析及趋势展望

第一节　中国煤炭需求及消费结构分析

中国是世界煤炭消费第一大国，多年来，以煤炭为主的能源结构支撑了中国经济的高速发展。煤炭作为基础的能源资源，目前仍是我国最主要的消费能源，广泛用于电力、钢铁、建材、化工等行业。煤炭消费需求直接受到宏观经济状况和相关下游行业发展的影响，属于典型的需求拉动型市场。其中，终端消费是我国煤炭消费需求的根本动力与源泉。此外，由于我国地域经济发展的不平衡，不同地区经济发展水平和经济结构存在较大的差异，由此不同地区对煤炭消费的需求也有较大差异。下面从行业消费和区域消费两个维度对中国煤炭消费需求结构进行分析。

一、分行业煤炭消费结构分析

作为我国最主要的一次能源，煤炭在国民经济发展过程中具有重要的作用。电力、钢铁、建材、化工四大行业的耗煤量占煤炭消费总量的比重不断增加，由2015年的83.4%增加到2020年的89.2%，提高了5.8个百分点，从高到低依次为电力、钢铁、建材、化工。2020年电力行业耗煤量占全国煤炭消费总量的52.9%；钢铁行业耗煤量占全国煤炭消费总量的16.3%；建材行业耗煤量占全国煤炭消费总量的12.9%；化工行业耗煤量占全国煤炭消费总量的7.1%；其他行业耗煤量继续减少，占全国煤炭消费总量的10.8%。2015—2020年我国主要煤炭消费行业的煤炭消费结构如表3-1所列。

表 3-1 2015—2020 年我国主要煤炭消费行业的煤炭消费结构表 单位:%

行业	消费比例					
	2015 年	2016 年	2017 年	2018 年	2019 年	2020 年
电力	48.4	49.2	51.3	53.1	53.0	52.9
钢铁	15.6	15.5	15.6	15.4	15.8	16.3
建材	13.1	13.0	12.7	12.5	13.0	12.9
化工	6.3	6.6	6.9	7.1	7.0	7.1
其他	16.6	15.7	13.5	11.9	11.2	10.8

数据来源:CCTD① 中国煤炭市场网。

二、分区域煤炭消费结构分析

从煤炭消费区域来看,煤炭消费需求主要集中在经济较为发达的东南沿海地区、工业较为发达但降水较少的北方地区(包括煤炭主产区华北地区),占全国煤炭消费的 60%以上。随着特高压输电项目的建设,西北等煤炭主产区煤炭就地转化率有所提高,煤炭消费比重提高至 13%左右。2015—2020 年各地区煤炭消费结构如表 3-2 所列。

表 3-2 2015—2020 年各地区煤炭消费结构表 单位:%

地区	消费比例					
	2015 年	2016 年	2017 年	2018 年	2019 年	2020 年
华北	23.7	23.0	23.3	23.9	24.0	24.7
东北	6.3	6.2	6.2	6.0	6.0	6.2
东南	37.8	38.5	38.5	37.9	37.5	36.6
华中	11.9	11.9	11.6	11.7	11.2	10.5
西南	8.3	8.2	8.0	8.3	8.4	8.4
西北	12.0	12.2	12.4	12.2	12.9	13.6

数据来源:CCTD 中国煤炭市场网。

① CCTD 是 China Coal Transportation and Distribution Association 的缩写。

第二节 分行业煤炭消费现状分析及趋势展望

一、电力行业

(一) 电力行业消费现状分析

2020年年初,新冠肺炎疫情使得国内部分工业企业阶段性停工停产,受此影响,全社会月度用电量累计增速由正转负。随着我国统筹推进新冠肺炎疫情防控和经济社会发展工作,各行业复工复产进程加快,一季度后,政府出台了"六保"政策,而且加大宏观经济政策对冲力度,推动了国民经济持续稳定恢复。2020年8月,全社会月度用电量累计增速由负转正,并稳定提升。综合来看,2020年全年,全社会用电量增速小幅放缓至3.1%。2015—2020年全社会用电量及同比增长情况如图3-1所示。

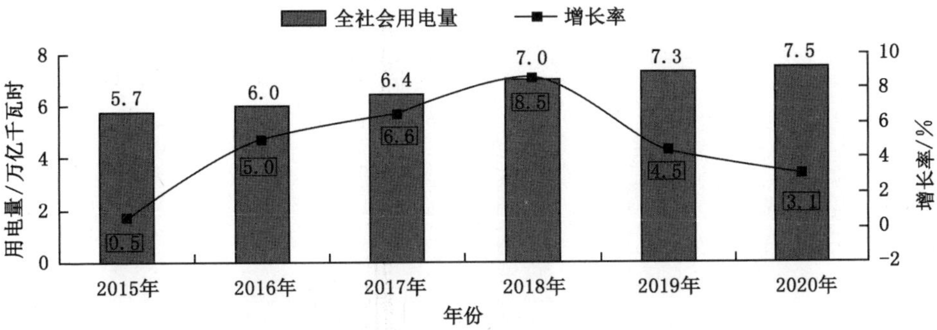

图3-1 2015—2020年全社会用电量及同比增长情况

(数据来源:国家能源局)

2020年,电力行业消费呈现出以下特征:

(1) 全国发电装机容量平稳增长

截至2020年年底,全国发电装机容量22.0亿千瓦,同比增长了9.5%。

(2) 火力及非化石能源发电量增速均放缓

2020年,全国火力发电量52 799亿千瓦时,同比增长了1.2%,相较2019年同期1.9%的增速略有放缓,占总发电量的71.2%。2015—2020年全国火力发电量及同比增长情况如图3-2所示。全国非化石能源发电量占总发电量的28.8%。2015—2020年全国非化石能源发电量及同比增长情况如图3-3所示。

作为我国最主要的发电方式,火力发电量增速放缓的原因主要有两个方面:一是用电需求减少。2020 年全年,全社会用电量增速回落至 3.1%,第二、三产业用电量累计增速均出现不同程度的回落。二是水电等非化石能源发电量增速虽然放缓,但仍然保持增长的态势,挤压部分火力发电量的空间。

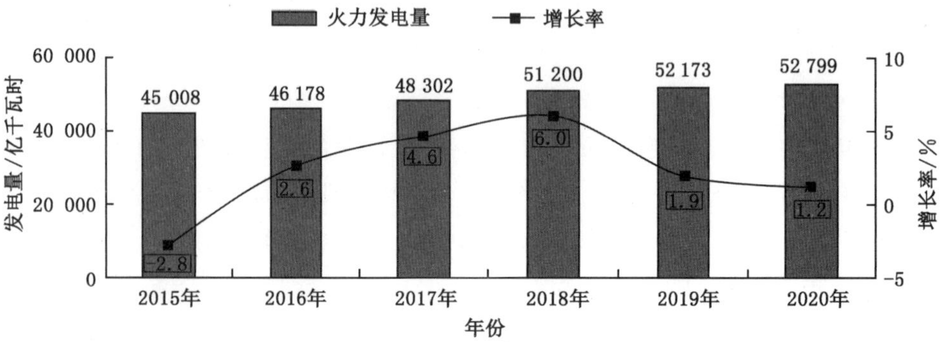

图 3-2 2015—2020 年全国火力发电量及同比增长情况

(数据来源:国家能源局)

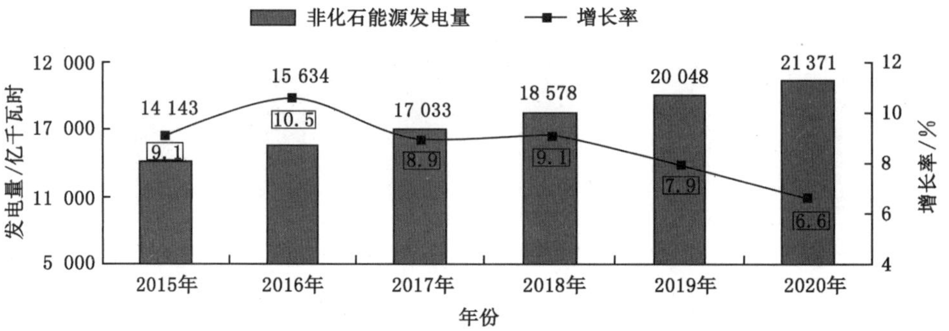

图 3-3 2015—2020 年全国非化石能源发电量及同比增长情况

(数据来源:国家能源局)

(3) 全国 6 000 千瓦及以上电厂发电设备平均利用小时数同比下降

受发电增速明显放缓的影响,2020 年,全国 6 000 千瓦及以上电厂发电设备平均利用小时数为 3 758 小时,同比降低了 70 小时。分类型来看:① 水电设备平均利用小时数为 3 827 小时,同比增加了 130 小时。② 火电设备平均利用小时数为 4 216 小时,同比降低了 92 小时。其中,燃煤发电 4 340 小时,同比降低了 89 小时;燃气发电 2 618 小时,同比降低了 28 小时。③ 核电 7 453 小时,同比增加了 59 小时。④ 并网风电 2 073 小时,同比降低了 10 小时。

(4) 供热、发电耗煤比率同步下降

一方面,近年来,国家和地方陆续出台了小锅炉治理的政策和措施,推进燃煤锅炉淘汰拆并、清洁能源改造和达标治理,且效果显著。另一方面,陕西省渭南市富平县热电联产项目、安徽省亳州市涡阳县生物质能热电联产项目等国内各地集中供热热电联产项目持续发力。2020 年,我国供热标准煤耗率为 148 克/千瓦时,全国 6 000 千瓦及以上火电机组发电标准煤耗率为 305.5 克/千瓦时。全国 6 000 千瓦及以上火电机组发电和供热标准煤耗率如图 3-4 所示。

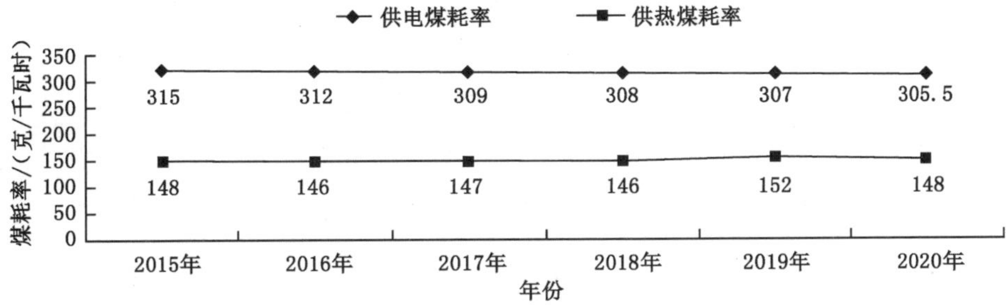

注:2015—2019 年供热标准煤耗率均指当年 1—11 月平均供热标准煤耗率。

图 3-4 全国 6 000 千瓦及以上火电机组发电和供热标准煤耗率

(数据来源:中国电力企业联合会、CCTD 中国煤炭市场网)

(5) 电力行业煤炭消费增速放缓

2020 年,受新冠肺炎疫情影响,全社会用电需求增速缓慢,叠加水电等非化石能源持续出力挤压部分火电空间,电力行业煤炭消费增速随之放缓。2020 年全年,全国电力行业煤炭消费 22.1 亿吨,同比增长了 1.1%。2015—2020 年我国电力行业煤炭消费量及同比增长情况如图 3-5 所示。

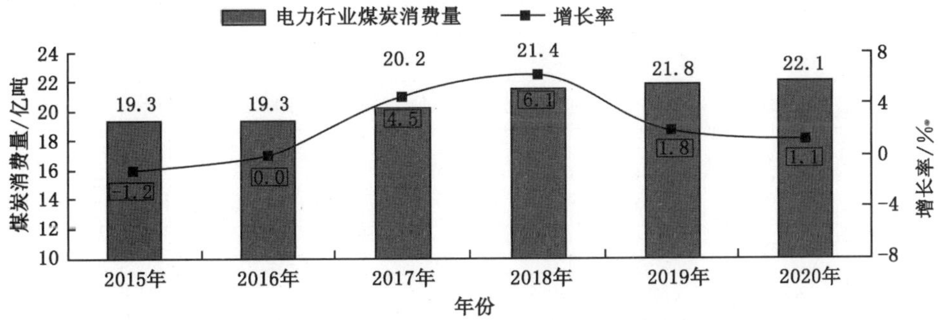

图 3-5 2015—2020 年电力行业煤炭消费量及同比增长情况

(数据来源:CCTD 中国煤炭市场网)

从各省(直辖市、自治区)来看,2020 年电力行业煤炭消费增长主要集中在京、津、蒙、辽、吉、黑、沪、浙、皖、闽、赣、粤、桂、琼、川、云、藏、陕、甘、宁、新等地,电力行业煤炭消费下降主要集中在冀、晋、苏、鲁、豫、鄂、湘、渝、贵、青等地。2015—2020 年各省(直辖市、自治区)电力行业煤炭消费情况如表 3-3 所列。

表 3-3 2015—2020 年各省(直辖市、自治区)电力行业煤炭消费情况

省(直辖市、自治区)	消费量/万吨						2020 年同比增长/%
	2015 年	2016 年	2017 年	2018 年	2019 年	2020 年	
北京	883	883	392	291	87	100	14.9
天津	2 725	2 725	2 712	3 006	3 010	3 059	1.6
河北	10 618	10 618	10 925	11 139	11 238	11 202	−0.3
山西	10 434	10 434	11 418	12 378	12 912	12 779	−1.0
内蒙古	16 209	16 209	17 681	20 042	21 696	22 532	3.9
辽宁	6 281	6 281	6 301	6 310	6 439	6 627	2.9
吉林	2 616	2 616	2 705	2 901	3 170	3 338	5.3
黑龙江	3 622	3 622	3 625	3 822	3 976	4 070	2.4
上海	3 631	3 631	3 736	3 672	3 570	3 605	1.0
江苏	19 750	19 750	19 795	19 613	19 192	18 472	−3.8
浙江	9 652	9 652	10 278	10 418	10 053	10 168	1.1
安徽	5 737	5 737	6 213	6 730	7 102	7 339	3.3
福建	4 023	4 023	4 985	6 201	6 137	6 671	8.7
江西	3 730	3 730	4 231	4 610	4 833	4 996	3.4
山东	23 248	23 248	22 268	22 040	20 931	20 170	−3.6
河南	11 287	11 287	11 435	12 037	11 095	10 699	−3.6
湖北	4 521	4 521	4 667	5 443	6 419	5 312	−17.2
湖南	3 824	3 824	4 265	4 941	4 911	4 548	−7.4
广东	13 203	13 203	14 887	15 570	15 027	15 481	3.0
广西	2 001	2 001	2 165	2 871	3 500	3 855	10.1
海南	877	877	872	943	943	1 016	7.7
重庆	2 028	2 028	2 223	2 560	2 601	2 499	−3.9
四川	1 818	1 818	1 819	2 169	2 384	2 406	0.9

表 3-3(续)

省(直辖市、自治区)	消费量/万吨						2020 年同比增长/%
	2015 年	2016 年	2017 年	2018 年	2019 年	2020 年	
贵州	4 930	4 930	5 193	5 578	6 069	5 761	−5.1
云南	1 119	1 119	1 130	1 359	1 462	1 985	35.8
西藏	5	5	6	6	12	14	16.7
陕西	7 074	7 074	7 337	7 184	7 797	8 439	8.2
甘肃	3 197	3 197	3 256	3 765	3 720	4 025	8.2
青海	505	505	572	442	389	378	−2.8
宁夏	3 941	3 941	4 611	5 130	5 491	5 790	5.4
新疆	9 940	9 940	10 410	11 203	12 087	13 351	10.5

数据来源:CCTD 中国煤炭市场网。

(二) 电力行业消费趋势展望

(1) 优化电源结构,提高非化石能源的发电装机比重

全球能源互联网发展合作组织发布的《中国 2060 年前碳中和研究报告》《中国 2030 年能源电力发展规划研究及 2060 年展望》提出:① 2023 年后,中国煤炭消费总量将稳定在 28 亿吨左右,煤电总量于 2025 年达峰,峰值为 11 亿千瓦,到 2030 年、2050 年分别下降至 10.5 亿千瓦、3 亿千瓦左右,2060 年煤电装机全部退出。② 2025 年、2030 年、2050 年、2060 年,中国清洁能源装机占比将分别增至 57.5%、67.5%、92%和 96%。同时,国家能源局印发的《清洁能源消纳情况综合监管工作方案》指出,2021 年 3 月起,在全国范围内组织开展清洁能源消纳情况综合监管,促进清洁能源消纳。

近年来,国家有关部门着力推进重大项目建设,其中,中核集团福清核电站 5 号机组(“华龙一号”全球首堆)投产,浙江三澳核电站一期工程、海南昌江核电站二期项目、四川雅砻江孟底沟水电站开工建设,核准白鹤滩—江苏±800 千伏特高压直流输电工程。随着国家及地方政府不断完善清洁能源产业政策,能源供给结构将加快优化,未来风电、核电等清洁能源的比重将不断加大,且清洁能源消纳工作将有序推进,预计 2021 年非化石能源发电装机占总装机容量比重将上升至 44.8%,同比提高 1.4 个百分点。2019—2021 年全国发电装机情况及预测如表 3-4 所列。2019—2021 年全国发电装机结构情况及预测如表 3-5 所列。

表 3-4　2019—2021 年全国发电装机情况及预测　单位:亿千瓦

发电装机情况	年份		
	2019	2020	2021(预测)
总装机容量	20	22	23.3
水电	3.6	3.7	3.8
太阳能发电	2	2.5	2.7
核电	0.5	0.5	0.5
风电	2	2.8	3.4
火电	11.9	12.5	12.9
其中:燃煤发电	10.4	10.8	11.2

数据来源:中国电力企业联合会、国家能源局、CCTD 中国煤炭市场网。

表 3-5　2019—2021 年全国发电装机结构情况及预测　单位:%

发电装机结构	年份		
	2019	2020	2021(预测)
总装机容量	100	100	100
水电	18.0	16.8	16.3
太阳能发电	10.0	11.4	11.6
核电	2.5	2.3	2.1
风电	10.0	12.7	14.6
火电	59.5	56.8	55.4
其中:燃煤发电	52.0	49.1	48.1

数据来源:中国电力企业联合会、国家能源局、CCTD 中国煤炭市场网。

(2) 全社会用电总量增速大幅反弹

2020 年下半年,随着全国新冠肺炎疫情得到有力控制,下游工业企业全面复工复产,经济社会秩序逐步恢复,“新基建”对电力依赖偏高等因素支撑用电量持续增长,2020 年全社会用电量持续增加,但增速较上年有所放缓。2021 年,我国经济运行总体发展势头将维持稳中向好,加之 2020 年基数较低,预计 2021 年全社会用电量增速将上涨至 6.0%,如图 3-6 所示。

2021 年,一方面,随着各地区、各部门科学统筹新冠肺炎疫情防控和经济社会

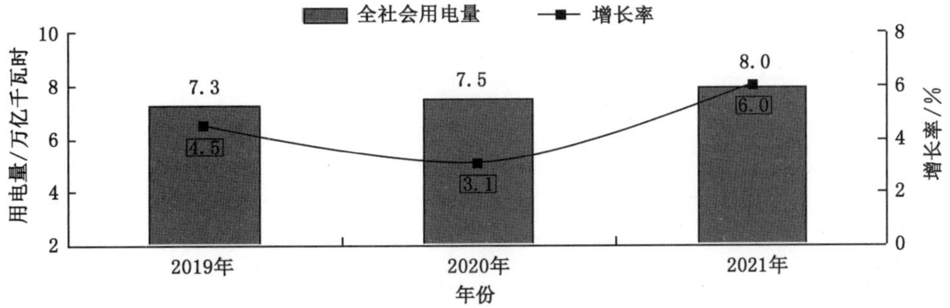

图 3-6　2021 年全社会用电量及增长率预测

（数据来源：国家统计局、CCTD 中国煤炭市场网）

发展，国内经济将继续稳定恢复，用电需求将逐步恢复；另一方面，虽然未来我国电源结构将朝着更加清洁低碳的方向发展，但火电主力电源的地位短期内难以改变。综上所述，预计 2021 年火力发电量增速将提升至 3.5％左右，如图 3-7 所示。

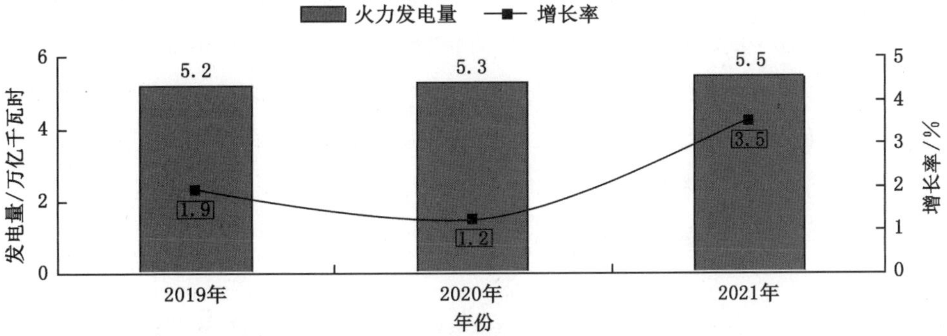

图 3-7　2021 年火电发电量及增长率预测

（数据来源：国家统计局、CCTD 中国煤炭市场网）

（3）供电与供热煤耗率稳步提高

2021 年，随着燃煤机组设备不断更新换代，新建燃煤机组将兼具装机大、耗能低等特点，从而带动供电耗煤比率下降。同时，随着内蒙古锡林郭勒盟多伦县背压式热电联产项目、黑龙江绥化市北林区 2×40 兆瓦生物质热电联产项目、黑龙江东宁恒昌生物质热电联产项目、河北保定市长青集团满城热电联产项目二期、河南焦作市温县天壕新能源 1×30 兆瓦生物质热电联产项目、安徽安庆市望江县经济开发区热电联产项目等诸多地方热电联产项目的快速推进，全国供电与供热煤耗率将稳步提高。2021 年全国发供电与供热煤耗率走势预测如图 3-8 所示。

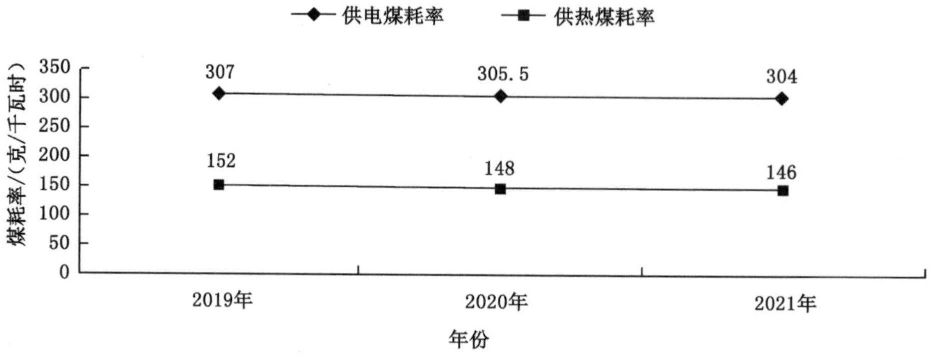

图 3-8 2021 年全国发供电与供热煤耗率走势预测

(数据来源:中国电力企业联合会、CCTD 中国煤炭市场网)

(4) 电煤消费增速反弹

2020 年,受新冠肺炎疫情的影响,煤炭行业运销效率下降,下游用煤需求增速放缓。2021 年,虽然水电、风电、核电等清洁能源的比重将不断加大,但火电主力电源地位短期内难以改变。加之进入“十四五”第一年,2021 年国内经济发展势头将持续稳中向好,用电需求将保持增长态势,预计 2021 年电力行业煤炭消费增速将反弹至 2.6%左右,如图 3-9 所示。

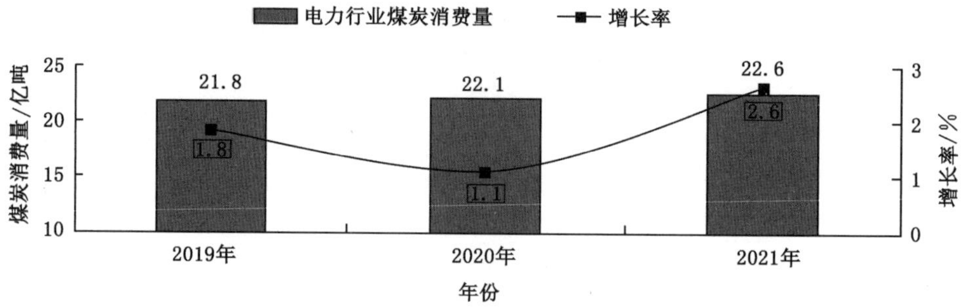

图 3-9 2021 年电力行业煤炭消费预测

(数据来源:CCTD 中国煤炭市场网)

从各省(直辖市、自治区)来看,随着主产地坑口电厂数量的增加和特高压输电线路的陆续投入使用,晋、陕、蒙、新等地煤炭就地转化率将逐步提高,电力行业耗煤增速将呈现上升态势。2019—2021 年各省(直辖市、自治区)电力行业煤炭消费量及预测如表 3-6 所列。

表 3-6　2019—2021 年各省(直辖市、自治区)电力行业煤炭消费量及预测

省(直辖市、自治区)	煤炭消费量/万吨			预测 2021 年同比增长/%
	2019 年	2020 年	2021 年(预测)	
北京	87	100	90	−10.0
天津	3 010	3 059	3 000	−1.9
河北	11 238	11 202	11 300	0.9
山西	12 912	12 779	13 300	4.1
内蒙古	21 696	22 532	24 000	6.5
辽宁	6 439	6 627	6 800	2.6
吉林	3 170	3 338	3 500	4.9
黑龙江	3 976	4 070	4 100	0.7
上海	3 570	3 605	3 600	−0.1
江苏	19 192	18 472	18 400	−0.4
浙江	10 053	10 168	10 100	−0.7
安徽	7 102	7 339	7 500	2.2
福建	6 137	6 671	6 900	3.4
江西	4 833	4 996	5 200	4.1
山东	20 931	20 170	19 900	−1.3
河南	11 095	10 699	10 500	−1.9
湖北	6 419	5 312	5 600	5.4
湖南	4 911	4 548	4 700	3.3
广东	15 027	15 481	15 300	−1.2
广西	3 500	3 855	4 100	6.4
海南	943	1 016	1 000	−1.6
重庆	2 601	2 499	2 600	4.0
四川	2 384	2 406	2 400	−0.2
贵州	6 069	5 761	5 800	0.7
云南	1 462	1 985	2 100	5.8
西藏	12	14	15	7.1
陕西	7 797	8 439	9 100	7.8
甘肃	3 720	4 025	4 400	9.3
青海	389	378	370	−2.1
宁夏	5 491	5 790	6 100	5.4
新疆	12 087	13 351	14 800	10.9

数据来源:CCTD 中国煤炭市场网。

二、钢铁行业

(一) 钢铁行业消费现状分析

钢铁行业用煤主要分为原料用煤和燃料用煤。炼焦煤主要是原料煤，但炼焦煤不直接用于钢铁冶炼，而是以焦炭的形式用于钢铁冶炼。焦炭是炼焦煤的转化形式，主要用作高炉炉料，除此以外，某些钢厂用焦炭制气作为炼钢、轧钢工艺的动力，烧结环节用焦粉作为固体燃料等。因此，钢铁行业的发展是拉动炼焦煤需求的主要产业力量。

(1) 下游产品需求增速放缓

2020 年年初，受新冠肺炎疫情影响，下游需求量偏低，钢铁行业下游产品产量同比锐减。后疫情时代，房地产开发投资累计值同比增速持续恢复，并于 2020 年 6 月实现由负转正，2020 年全年累计增长 7.0%。房地产新开工施工面积累计值同比降幅亦逐步收窄。规模以上工业增加值累计值同比增速自 8 月起由负转正，2020 年全年累计增长了 2.8%。受以上因素影响，钢材、粗钢、生铁、焦炭的需求量持续增加，其中，钢材产量同比增速自 4 月起由负转正，2020 年全国钢材产量为 13.20 亿吨；粗钢产量同比增速自 4 月起由负转正，2020 年全国粗钢产量为 10.60 亿吨；生铁产量同比增速持续恢复，2020 年全国生铁产量为8.90 亿吨；焦炭产量同比增速自 7 月起由负转正，2020 年全国焦炭产量为 4.70 亿吨。综合来看，2020 年全年钢铁行业下游产品需求增速较上年同期普遍放缓。2015—2020 年全国钢材产量如图 3-10 所示。2015—2020 年全国粗钢产量如图 3-11 所示。2015—2020 年全国生铁产量如图 3-12 所示。2015—2020 年全国焦炭产量如图 3-13 所示。

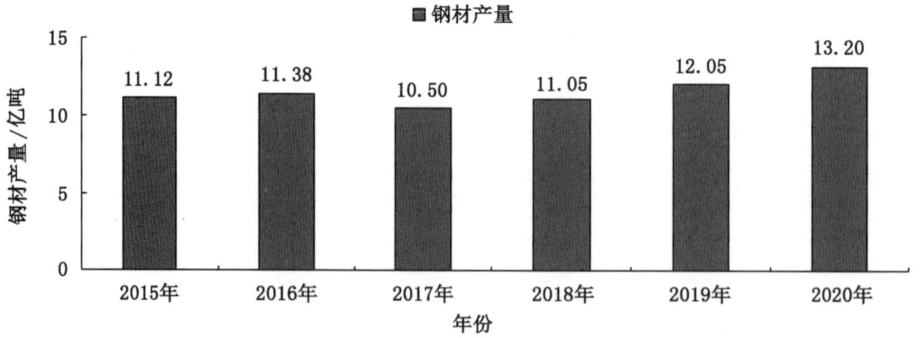

图 3-10　2015—2020 年全国钢材产量

(数据来源:国家统计局)

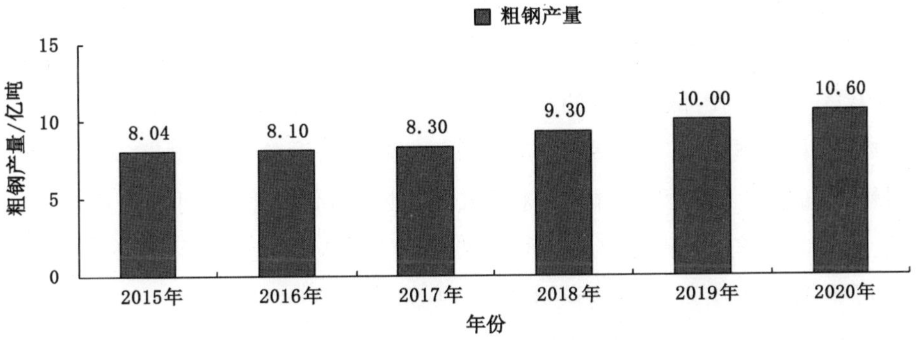

图 3-11　2015—2020 年全国粗钢产量

（数据来源：国家统计局）

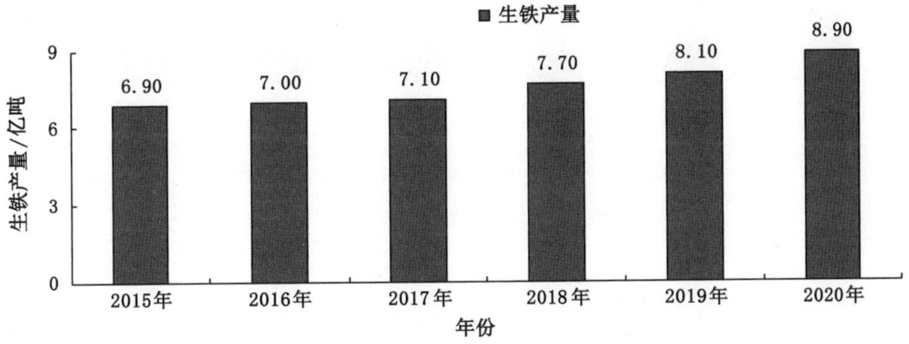

图 3-12　2015—2020 年全国生铁产量

（数据来源：国家统计局）

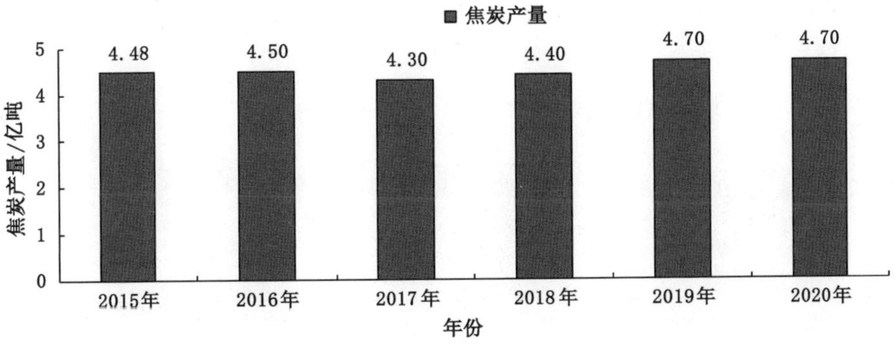

图 3-13　2015—2020 年全国焦炭产量

（数据来源：国家统计局）

(2) 钢铁行业煤炭消费逐步恢复

2020 年一季度，受国内外新冠肺炎疫情影响，钢铁行业及企业处在“高产量、高库存、高成本，低需求、低价格”的多重压力之下，后期随着国内新冠肺炎疫情得到了有效控制，国家积极扩大有效投资，加强传统基础设施和新型基础设施投资，国内用钢行业加速复工复产，国内钢材需求逐步恢复，促进我国钢铁行业产品产量快速增长。2020 年，全国钢铁行业煤炭消费 6.8 亿吨，同比增长了 4.2%。2015—2020 年全国钢铁行业煤炭消费情况如图 3-14 所示。

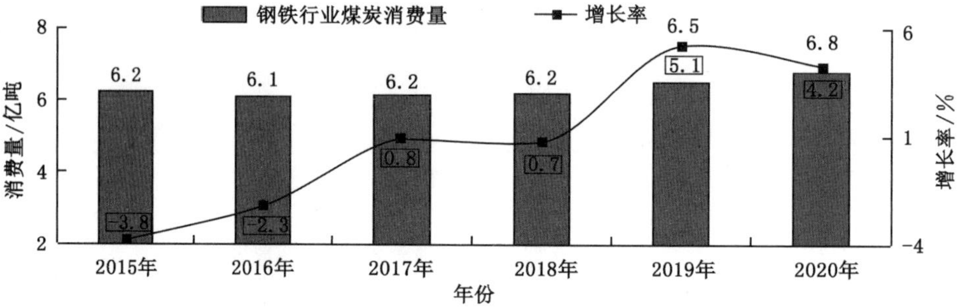

图 3-14　2015—2020 年全国钢铁行业煤炭消费情况

(数据来源:CCTD 中国煤炭市场网)

(二) 钢铁行业消费趋势展望

2021 年，在全国经济层面，基建投资仍有望平稳增长，房地产新开工和施工面积增速韧性仍在，制造业也有望成为钢铁需求的重要增长方向，钢铁行业正增长趋势不变，《2021 年政府工作报告》中提到，今后将扩大有效投资，加强新型基础设施建设，加强新型城镇化建设，加强交通、水利等重大工程建设。预计 2021 年全国钢铁行业煤炭消费增速将上升至 4.7%左右，如图 3-15 所示。

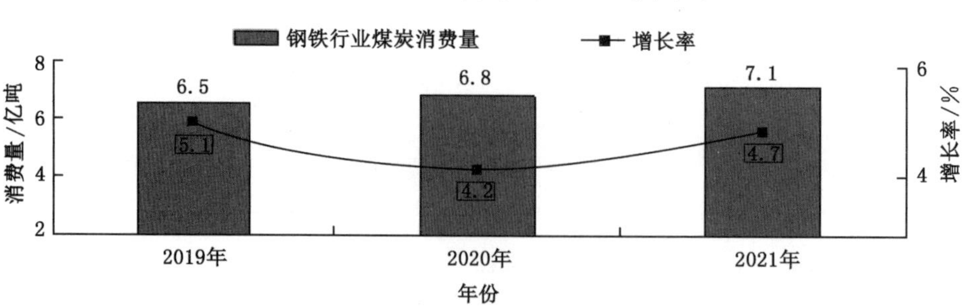

图 3-15　2021 年全国钢铁行业煤炭消费预测

(数据来源:CCTD 中国煤炭市场网)

三、建材行业

（一）建材行业消费现状分析

从需求细分来看，水泥的下游需求主要来自基建、房地产和农村建设三个方面，构成比例大概在 4∶3∶3。农村建设受宏观经济及政策影响较小，增速较为稳定。2020 年以来，中央政府多次围绕新型城镇化建设作出部署，随着新型城镇化建设的提速发力，房地产和基建对建材行业的影响作用将日益显著。

（1）建材主要产品产量同比增幅收窄

基建、房地产以及农村市场是拉动水泥需求的“三驾马车”。2020 年，受新冠肺炎疫情影响，房地产、基础设施建设投资累计值同比增速放缓，农村公路建设投入情况也弱于往年，我国建材主要产品产量同比增幅随之收窄。其中，水泥产量同比增速自 2020 年 4 月起由负转正，2020 年全国水泥产量为 23.77 亿吨。2015—2020 年全国水泥产量如图 3-16 所示。平板玻璃产量同比增速自 2020 年 7 月起由负转正，2020 年全国平板玻璃产量为 9.46 亿吨。2015—2020 年全国平板玻璃产量如图 3-17 所示。

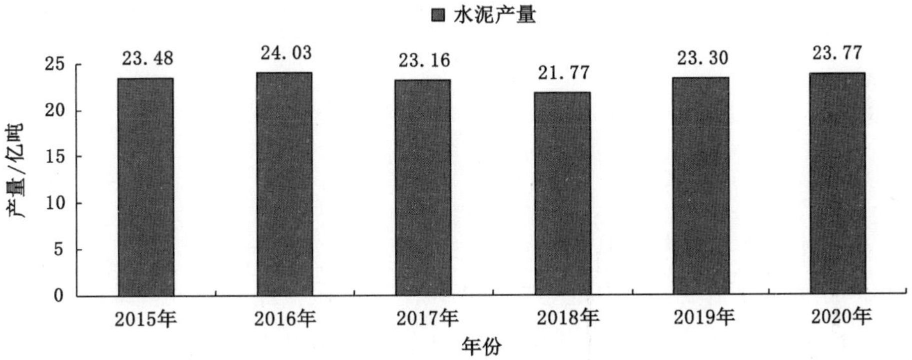

图 3-16　2015—2020 年全国水泥产量

（数据来源：国家统计局）

（2）建材行业煤炭消费量增速放缓

2020 年一季度，受新冠肺炎疫情影响，国内建材行业发展阶段性受限，建材行业产品需求疲软，相应耗煤量出现了萎缩。2020 年全年，我国建材行业煤炭消费量为 5.4 亿吨，同比增速放缓至 1.7%。2015—2020 年建材行业煤炭消费情况如图 3-18所示。

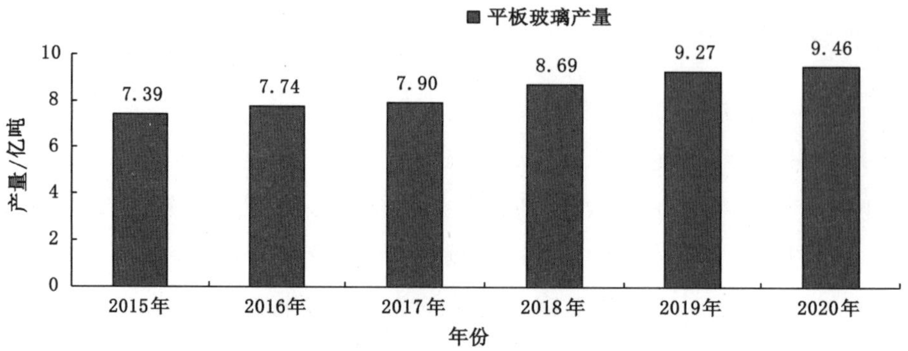

图 3-17　2015—2020 年全国平板玻璃产量

（数据来源：国家统计局）

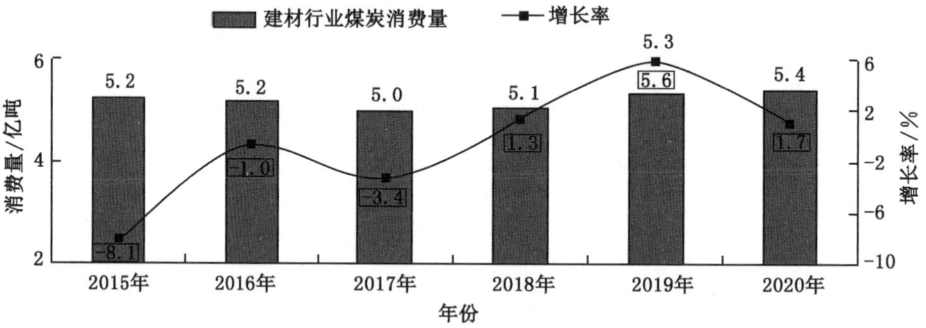

图 3-18　2015—2020 年建材行业煤炭消费情况

（来源：CCTD 中国煤炭市场网）

（二）建材行业消费趋势展望

《2020 年政府工作报告》中重申“房住不炒”，这在一定程度上抑制了未来建材需求的增长，但随着基建投资复苏以及城镇老旧小区实施改造，2021 年我国的建材需求仍将得到持续性拉动。预计 2021 年建材行业煤炭消费量将实现 3.7%左右的正增长，如图 3-19 所示。

四、化工行业

（一）化工行业消费现状分析

煤化工是以煤为原料，经化学加工使煤转化为气体、液体和固体燃料以及化学品的过程。煤化工分为传统煤化工和新型煤化工。

(1) 传统下游产品产量呈下降态势

2020 年 3 月，农业农村部办公厅印发了《2020 年农业农村绿色发展工作要

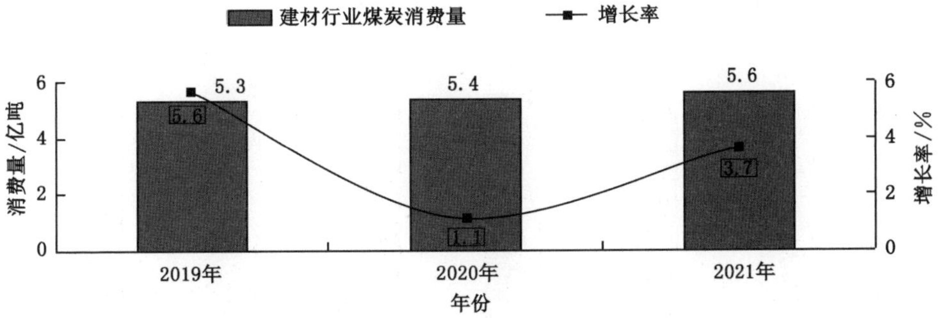

图 3-19　2021 年建材行业煤炭消费预测

（数据来源：CCTD 中国煤炭市场网）

点》。该文件中提出要持续推进化肥减量增效，深入实施化肥减量增效行动，保持化肥使用量负增长。2020 年 4 月，中国纯碱工业协会发布《关于纯碱行业限产的通知》，要求纯碱生产企业自 2020 年 4 月 18 日至 10 月 18 日期间，各企业根据本企业的纯碱产能，降低 30％负荷进行生产，降低纯碱和氯化铵产量，减少库存量，推动过剩产能出清。叠加 2020 年年初新冠肺炎疫情持续干扰化肥、纯碱等传统化工行业下游产品的正常生产，国内各地普遍存在原材料供应紧张、运输受阻、流通环节库存偏低和终端配送困难等问题。新冠肺炎疫情得到控制后，上述问题逐步化解，但从整体来看，我国化工行业主要产品产量同比大幅下降。其中，化肥、纯碱产量同比增速均为负值，2020 年我国化肥产量为 5 395.8 万吨。2015—2020 年我国化肥产量如图 3-20 所示。2020 年我国纯碱产量为 2 812.4 万吨。2015—2020 年我国纯碱产量如图 3-21 所示。

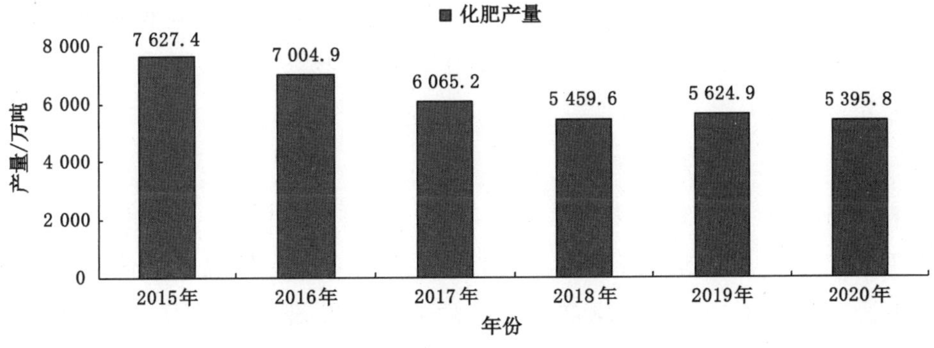

图 3-20　2015—2020 年我国化肥产量

（数据来源：国家统计局）

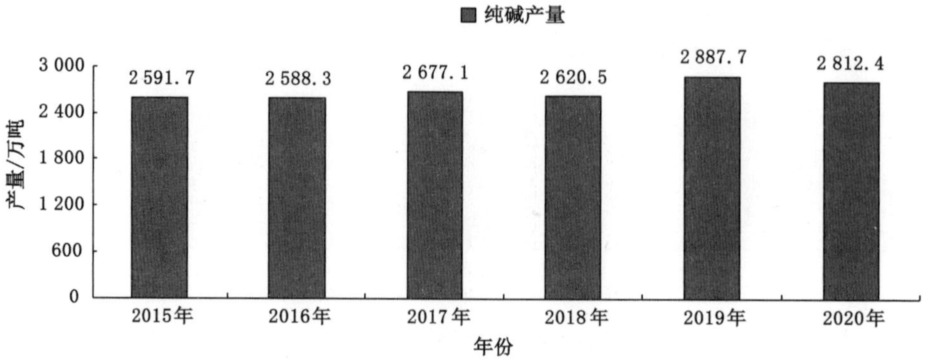

图 3-21 2015—2020 年我国纯碱产量

(数据来源:国家统计局)

(2) 新型煤化工稳步发展

经过“十二五”“十三五”的示范和升级示范发展,新型煤化工基本架通了煤炭资源向油气燃料和基础化工品转化的桥梁。2020 年 6 月,宁夏宝丰能源集团股份有限公司焦炭气化制 60 万吨/年烯烃项目的前段焦炭气化制220 万吨/年甲醇项目一次开车成功并产出合格甲醇产品。9 月,山西美锦华盛化工新材料有限公司化工新材料生产项目四号焦炉正式投产。10 月,内蒙古黑猫煤化工有限公司一期 260 万吨焦化及焦炉煤气综合利用项目投产暨二期焦化及焦炉煤气综合利用和氢气配套项目正式开工建设。2020 年,新型煤化工转化利用的发展成效明显。

(3) 化工行业煤炭消费增速放缓

2020 年,受经济周期、限产、新冠肺炎疫情冲击等因素影响,化学原料及化学制品等化工行业的传统大宗产品产量处于下行趋势,化工行业耗煤量增速放缓。2020 年,我国化工行业耗煤量 3.0 亿吨,同比增长了 1.3%。2015—2020 年我国化工行业煤炭消费量及同比增长情况如图 3-22 所示。

(二) 化工行业消费趋势展望

未来,科技进步将推动终端需求革新,相关工业体系升级发展及市场需求质量升级将驱动化工产业不断向前发展。化工产品市场需求将呈现差别化特征,乙烯、芳烃及下游产品和乙二醇等新增产能产品的差异化发展和竞争力将不断提升,企业结构不断优化,整体发展前景向好。“十三五”期间,我国对煤化工发展采取“六基地、五模式”的形式,规划在内蒙古、新疆、陕西、宁夏重点建设六大煤化工基地。当前除新疆基地进展较为缓慢外,其他五大煤化工基地已经建设成形,已有一大批新型煤化工技术和重点项目落地。例如,内蒙古鄂尔多斯示范区已建成世界上最

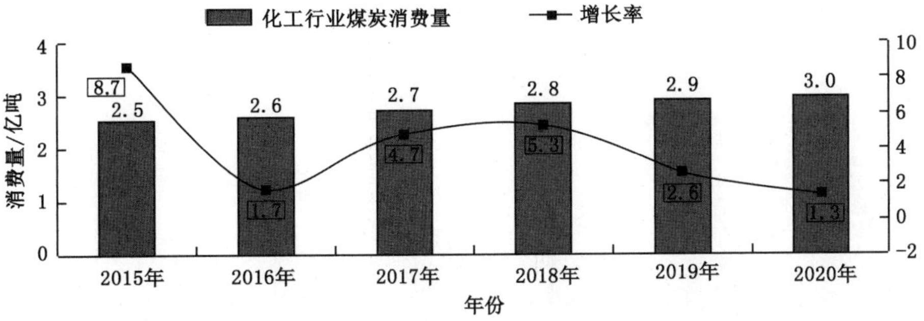

图 3-22　2015—2020 年我国化工行业煤炭消费量及同比增长情况

（数据来源：CCTD 中国煤炭市场网）

大规模的煤制烯烃项目；宁夏宁东示范区布局建设的 190 万吨煤制烯烃、40 万吨煤制乙二醇等现代煤化工示范项目进展顺利；陕西榆林示范区加速推进神华榆林循环经济煤炭综合利用、延长石油集团靖边煤油气资源综合利用、陕煤化榆林煤炭分质利用、延长石油集团粉煤热解-气化一体化技术工业示范等项目，并制定了 2021 年甲醇、烯烃、芳烃、乙二醇产能分别达到 360 万吨、420 万吨、100 万吨、60 万吨以及煤炭就地转化率提高到 50%以上的目标。后期，随着新型煤化工项目的不断发展，相应的煤炭消费量将随之增多，预计 2021 年化工行业煤炭消费量增速将稳定在3.7%左右，如图 3-23 所示。

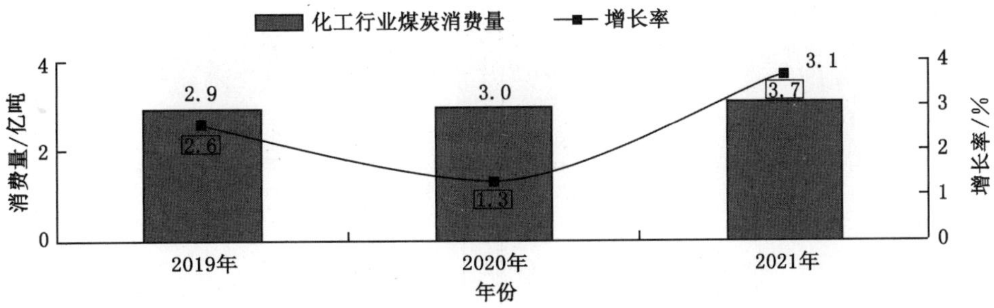

图 3-23　2021 年化工行业煤炭消费情况预测

（数据来源：CCTD 中国煤炭市场网）

五、其他行业

（一）其他行业消费现状分析

随着环保检查趋于常态化，以及地方散煤治理逐步完成了“十三五”目标，其他行业耗煤量降幅逐步收窄。2020 年,其他行业煤炭消费量为 4.5 亿吨,同比下降了 2.4%。2015—2020 年其他行业煤炭消费量及同比情况如图 3-24 所示。

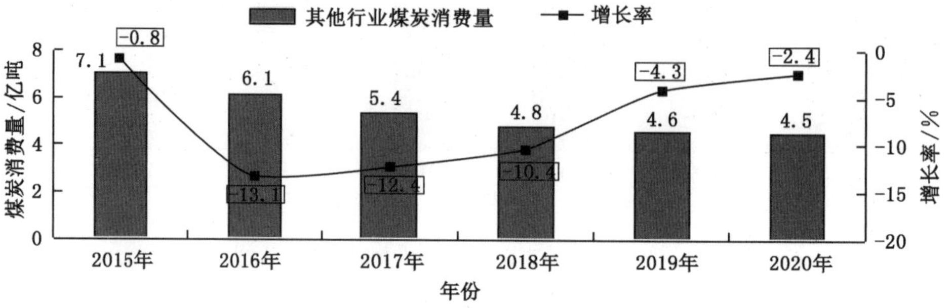

图 3-24 2015—2020 年其他行业煤炭消费量及同比情况

(数据来源:CCTD 中国煤炭市场网)

(二)其他行业消费趋势展望

随着农村煤改气等降低民用煤的措施逐步落实到位,其他行业用煤量降幅将继续收窄,预计 2021 年其他行业煤炭消费量将维持在 4.4 亿吨左右,同比下降 2.0%,如图 3-25 所示。

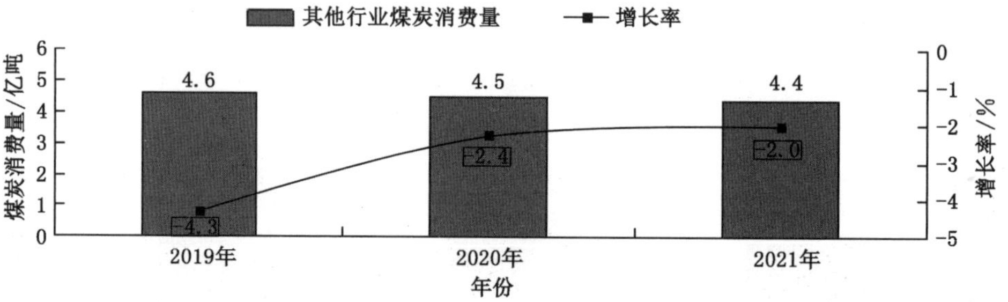

图 3-25 2021 年其他行业煤炭消费情况预测

(数据来源:CCTD 中国煤炭市场网)

六、小结

2021 年,我国煤炭消费总量将稳定在 42.8 亿吨左右,2021 年我国主要行业煤炭消费预测如表 3-7 所列。2021 年我国主要行业煤炭消费结构预测如表 3-8 所列。

表 3-7　2021 年我国主要行业煤炭消费预测

行业	消费量/万吨		
	2019 年	2020 年	2021 年(预测)
电力	218 256	220 686	226 400
钢铁	65 128	67 894	71 100
建材	53 372	53 969	55 900
化工	29 192	29 570	30 700
其他	46 112	45 022	44 100
合计	412 061	417 141	428 200

数据来源:CCTD 中国煤炭市场网。

表 3-8　2021 年我国主要行业煤炭消费结构预测

行业	消费比例/%		
	2019 年	2020 年	2021 年(预测)
电力	53.0	52.9	52.9
钢铁	15.8	16.3	16.6
建材	13.0	12.9	13.0
化工	7.0	7.0	7.2
其他	11.2	10.9	10.3

数据来源:CCTD 中国煤炭市场网。

(1) 电力行业。2021 年火力发电量同比增长约 3.5%,而供电耗煤比率持续下降,电力行业耗煤增速保持 2.6%左右的正增长。

(2) 钢铁行业。2021 年,随着有效投资逐步扩大,新型基础设施建设、新型城镇化建设逐步加强,预计钢铁行业煤炭消费增速将上升至 4.7%左右。

(3) 建材行业。随着基建投资复苏以及城镇老旧小区实施改造,预计 2021 年建材行业煤炭消费量将实现 3.6%左右的正增长。

(4) 化工行业。随着新型煤化工项目不断发展,相应的煤炭消费量将随之增加,预计 2021 年化工行业煤炭消费量增速将稳定在 3.7%左右。

(5) 其他行业。随着农村煤改气等降低民用煤的措施逐步落实到位,其他行业用煤量降幅将继续收窄,预计 2021 年其他行业煤炭消费量将维持在 4.4 亿吨左右,同比下降 2.0%。

第三节 分地区煤炭消费现状分析及趋势展望

一、华北地区

(一)消费现状分析

2020年,华北地区煤炭消费量为103 009万吨,同比增加了3.7%,2015—2020年华北地区煤炭消费情况如表3-9所列。随着内蒙古、山西地区特高压输电通道及新型煤化工产业的稳步发展,煤炭就地转化率会不断提高。随着京津冀一体化,京津冀高耗能、高污染工业转移和关停,京津冀地区耗煤增速会维持低位,抑制了华北地区煤炭消费增长。

表3-9 2015—2020年华北地区煤炭消费情况

地区	煤炭消费量/万吨						2020年同比增长率/%
	2015年	2016年	2017年	2018年	2019年	2020年	
北京	1 182	1 067	500	402	169	174	3.0
天津	4 110	3 979	3 839	4 114	4 118	4 149	0.8
河北	29 772	28 634	27 528	27 435	28 040	28 159	0.4
山西	32 877	31 789	32 871	35 253	35 645	37 403	4.9
内蒙古	26 709	25 516	27 048	29 321	31 315	33 124	5.8
华北	94 650	90 985	91 786	96 525	99 287	103 009	3.7

数据来源:CCTD中国煤炭市场网。

(二)消费趋势展望

2021年,京津冀将继续落实“减煤”政策,《京津冀及周边地区、汾渭平原2020—2021年秋冬季大气污染综合治理攻坚行动方案》指出,为全面完成打赢蓝天保卫战重点任务,将推进清洁取暖散煤替代工程,预计2021年京、津、冀地区煤炭消费量同比增速将分别稳定在−8.0%、−1.2%、0.1%。随着特高压输电工程的建设与投入运营,山西、内蒙古煤炭主产地坑口发电量将逐渐增多,加之钢铁、建材、化工行业维持涨势,预测2021年山西、内蒙古煤炭消费量将稳步增加,同比增速分别稳定在4.3%和6.3%。2021年华北地区煤炭消费预测如表3-10所列。

表 3-10　2021 年华北地区煤炭消费预测

地区	煤炭消费量/万吨			预测 2021 年同比增长/%
	2019 年	2020 年	2021 年(预测)	
北京	169	174	160	−8.0
天津	4 118	4 149	4 100	−1.2
河北	28 040	28 159	28 200	0.1
山西	35 645	37 403	39 000	4.3
内蒙古	31 315	33 124	35 200	6.3
华北	99 287	103 009	106 600	3.5

数据来源:CCTD 中国煤炭市场网测算。

二、东北地区

(一) 消费现状分析

2020 年,东北地区煤炭消费量同比增加了 4.1%。其中,辽宁、黑龙江同比分别增加了 3.5%、3.6%;而受电力、钢铁行业耗煤较大幅度增长的影响,吉林耗煤量出现了 6.3%的较高增幅。2015—2020 年东北地区煤炭消费如表 3-11 所列。

表 3-11　2015—2020 年东北地区煤炭消费

地区	煤炭消费量/万吨						2020 年同比增长/%
	2015 年	2016 年	2017 年	2018 年	2019 年	2020 年	
辽宁	13 914	13 497	13 372	13 106	13 293	13 756	3.5
吉林	4 962	4 585	4 588	4 475	4 860	5 166	6.3
黑龙江	6 454	6 318	6 317	6 431	6 779	7 024	3.6
东北	25 330	24 400	24 277	24 012	24 932	25 946	4.1

数据来源:CCTD 中国煤炭市场网。

(二) 消费趋势展望

一方面,未来一段时间内,重工业转型升级和基建将成为东北地区经济发展的主要增长动力,而这些行业也是煤炭终端需求行业。随着利好政策的逐步实施,基建项目加速投建,将对煤炭需求形成有力支撑。另一方面,由于供暖季周期较长,东北地区发电供热用煤需求将居于高位。综合来看,预计 2021 年东北地区煤炭消费同比将增加 2.5%左右,如表 3-12 所列。

表 3-12 2021 年东北地区煤炭消费预测

地区	煤炭消费量/万吨			预测 2021 年同比增长/%
	2019 年	2020 年	2021 年(预测)	
辽宁	13 293	13 756	14 100	2.5
吉林	4 860	5 166	5 400	4.5
黑龙江	6 779	7 024	7 100	1.1
东北	24 932	25 946	26 600	2.5

数据来源:CCTD 中国煤炭市场网测算。

三、东南地区

(一) 消费现状分析

2020 年,东南地区煤炭消费量同比降低了 1.3%。其中,煤炭消费量降低的地区有江苏、山东,增加的地区有上海、浙江、安徽、福建、江西、广东、广西和海南。随着特高压输电工程的陆续投入运营,山东、江苏等地外来电不断增加,省内耗煤会大幅削减。2015—2020 年东南地区煤炭消费如表 3-13 所列。

表 3-13 2015—2020 年东南地区煤炭消费

地区	煤炭消费量/万吨						2020 年同比增长/%
	2015 年	2016 年	2017 年	2018 年	2019 年	2020 年	
上海	5 313	5 195	5 273	5 114	4 952	4 958	0.1
江苏	33 253	34 126	32 780	30 646	30 643	29 236	−4.6
浙江	13 692	13 711	14 155	14 635	14 542	14 612	0.5
安徽	13 301	12 812	13 623	14 061	14 690	15 207	3.5
福建	8 256	7 139	8 304	9 807	9 935	10 576	6.5
江西	8 277	8 432	8 419	8 485	8 957	9 192	2.6
山东	41 707	42 497	39 527	38 744	39 159	35 920	−8.3
广东	18 567	18 828	20 926	21 695	21 209	21 752	2.6
广西	6 694	6 784	6 981	7 744	8 406	9 023	7.3
海南	2 040	1 805	1 869	1 963	1 957	1 993	1.8
东南	151 100	151 329	151 857	152 894	154 450	152 469	−1.3

数据来源:CCTD 中国煤炭市场网。

（二）消费趋势展望

未来一段时间，东部地区产业加速向中西部地区转移战略、节能减排方案将逐步实施到位，特高压输电工程的投入运营将使得外来电逐步增加，浙、沪、皖地区的煤炭消费将得到明显控制。《长三角地区2020—2021年秋冬季大气污染综合治理攻坚行动方案》指出，将严格控制煤炭消费总量，重点削减非电力用煤，提高电力用煤比例，继续推进电能替代燃煤和燃油。但随着2020年上半年新冠肺炎疫情得到控制，2021年长三角地区经济将加速复苏，必然将带动煤炭消费的新一轮需求。

2021年，山东省将继续严控煤炭消费总量，且“外电入鲁”将获得长足发展。目前，锡林郭勒盟至济南、榆横至潍坊、扎鲁特至青州、上海庙至临沂、河北至山东特高压输电通道已相继建成投运，初步形成了“三交两直”特高压输电通道格局，接纳外电能力已突破3 500万千瓦，同时国家能源局已同意将“陇电入鲁”纳入国家“十四五”能源发展规划，未来山东省外来电规模将不断提高，山东省内煤炭消费总量将不断减少。

2021年，福建省将继续坚持市场引导，助推下游工业企业实现技术创新，煤炭消费总量将逐年增加。同样，《广西壮族自治区落实国家能源生产和消费革命战略实施方案(2019—2030)》提出，坚决实施能源消费总量和强度“双控”、着力控制煤炭消费比重，但是随着广西壮族自治区进入工业化和城镇化快速发展阶段，重化工业趋势明显，能源消耗强度会进一步走高，能源消费将仍以煤炭为主。

综合来看，新冠肺炎疫情使得2020年东南地区煤炭消费量下降，考虑其基数较低及地区经济加速恢复，预计2021年东南地区的煤炭消费量将呈现增加态势，如表3-14所列。

表3-14　2021年东南地区煤炭消费预测

地区	煤炭消费量/万吨			预测2021年同比增长/%
	2019年	2020年	2021年(预测)	
上海	4 952	4 958	5 000	0.8
江苏	30 643	29 236	29 000	−0.8
浙江	14 542	14 612	14 600	−0.1
安徽	14 690	15 207	15 600	2.6
福建	9 935	10 576	10 900	3.1
江西	8 957	9 192	9 700	5.5
山东	39 159	35 920	35 600	−0.9

表 3-14(续)

地区	煤炭消费量/万吨			预测 2021 年同比增长/%
	2019 年	2020 年	2021 年(预测)	
广东	21 209	21 752	21 600	−0.7
广西	8 406	9 023	9 400	4.2
海南	1 957	1 993	2 000	0.4
东南	154 450	152 469	153 400	0.6

数据来源:CCTD 中国煤炭市场网测算。

四、华中地区

(一) 消费现状分析

受新冠肺炎疫情影响,华中地区电力、建材、化工行业的耗煤量大幅萎缩。2020 年,该地区的煤炭消费整体走弱。2015—2020 年华中地区煤炭消费如表 3-15 所列。

表 3-15 2015—2020 年华中地区煤炭消费

地区	煤炭消费量/万吨						2020 年同比增长/%
	2015 年	2016 年	2017 年	2018 年	2019 年	2020 年	
河南	25 350	25 218	24 392	24 476	22 420	22 121	−1.3
湖北	12 404	12 053	11 779	12 551	13 642	12 107	−11.3
湖南	9 907	9 439	9 635	10 163	9 957	9 584	−3.7
华中	47 661	46 710	45 806	47 190	46 019	43 812	−4.8

数据来源:CCTD 中国煤炭市场网。

(二) 消费趋势展望

《河南能源发展报告(2020)》指出,2019 年河南省的清洁能源有效供给不断增加,全省可再生能源发电装机比重超过了 25%。2021 年全省清洁能源消费将稳步增长,能源绿色转型的步伐将愈加坚实。

虽然未来湖南、湖北将持续推进水电、风电、太阳能发电和生物质发电等可再生能源的发展,其省内煤炭消费将受到挤压,但浩吉铁路开通后,陕蒙主产区的煤炭运往湖北、湖南等地的便利性大幅提高,“两湖”地区煤炭消费量或将呈现涨势。

综合来看,新冠肺炎疫情使得 2020 年华中地区煤炭消费量大幅下降,考虑到基数较低及地区经济加速恢复，预计 2021 年华中地区煤炭消费量将呈增加态势，其预测如表 3-16 所列。

表 3-16 2021 年华中地区煤炭消费预测

地区	煤炭消费量/万吨			预测 2021 年同比增长/%
	2019 年	2020 年	2021 年(预测)	
河南	22 420	22 121	22 100	−0.1
湖北	13 642	12 107	12 400	2.4
湖南	9 957	9 584	9 700	1.2
华中	46 019	43 812	44 200	0.9

数据来源：CCTD 中国煤炭市场网测算。

五、西部地区

(一) 消费现状分析

2020 年，西北地区煤炭消费量同比增加了 7.9%。其中，煤炭消费量减少的地区有青海，增加的地区有陕西、甘肃、宁夏和新疆。西南地区煤炭消费量同比增加了 1.1%。其中，煤炭消费量减少的地区有重庆、贵州、西藏，增加的地区有四川和云南。2015—2020 年西北地区煤炭消费如表 3-17 所列；2015—2020 年西南地区煤炭消费如表 3-18 所列。

表 3-17 2015—2020 年西北地区煤炭消费

地区	煤炭消费量/万吨						2020 年同比增长/%
	2015 年	2016 年	2017 年	2018 年	2019 年	2020 年	
陕西	18 147	18 187	18 182	17 607	18 819	20 202	7.3
甘肃	6 177	5 784	5 539	5 957	6 108	6 630	8.5
青海	1 037	1 281	1 456	1 284	1 242	1 189	−4.3
宁夏	7 012	6 561	7 189	7 480	7 901	8 410	6.4
新疆	15 558	15 707	16 353	16 907	18 529	20 327	9.7
西北	47 931	47 520	48 719	49 235	52 599	56 758	7.9

数据来源：CCTD 中国煤炭市场网。

表 3-18　2015—2020 年西南地区煤炭消费

地区	煤炭消费量/万吨						2020 年同比增长/%
	2015 年	2016 年	2017 年	2018 年	2019 年	2020 年	
重庆	5 379	5 034	5 067	5 724	5 863	5 729	−2.3
四川	10 421	9 656	9 454	9 661	9 774	9 887	1.2
贵州	10 033	10 355	10 114	10 397	10 797	10 502	−2.7
云南	7 344	7 165	7 082	7 638	8 067	8 762	8.6
西藏	113	147	148	224	273	269	−1.5
西南	33 290	32 357	31 865	33 644	34 774	35 149	1.1

数据来源:CCTD 中国煤炭市场网。

(二) 消费趋势展望

未来一段时间,西北地区将着力推动外送电业务发展。截至目前,宁东—浙江、酒泉—湖南、准东—皖南、昌吉—古泉等特高压输电工程已投入运行。后期随着陕北—湖北(2022 年投运)、陇彬—豫北(计划核准)、陕北—江西(计划核准)、准东—四川(计划核准)、陇东—山东(预可研)、哈密北—重庆(预可研)等特高压输电工程陆续建成投运,西北地区的煤炭就地转化率将进一步提高,火电输出规模将逐年增加,煤炭消费将持续增加。同时,考虑 2020 年基数较低及地区经济加速恢复,预计 2021 年陕、甘、宁、新等地区的煤炭消费量同比增速仍将维持在高位。2021 年西北地区煤炭消费预测如表 3-19 所列。

表 3-19　2021 年西北地区煤炭消费预测

地区	煤炭消费量/万吨			预测 2021 年同比增长/%
	2019 年	2020 年	2021 年(预测)	
陕西	18 819	20 202	21 800	7.9
甘肃	6 108	6 630	7 200	8.6
青海	1 242	1 189	1 200	0.9
宁夏	7 901	8 410	8 900	5.8
新疆	18 529	20 327	22 400	10.2
西北	52 599	56 758	61 500	8.4

数据来源:CCTD 中国煤炭市场网测算。

2020年，新冠肺炎疫情使得西南地区煤炭需求增速下降不少。2021年，预计四川、重庆的非化石能源消费比重将逐步提高，煤炭消费比重将相应缩减，但是贵州、云南地区主要煤炭消费行业的用煤需求将持续增加。考虑2020年基数较低及地区经济加速恢复，预计2021年西南地区煤炭消费量同比增速将较2020年有所提高，2021年西南地区煤炭消费预测如表3-20所列。

表3-20 2021年西南地区煤炭消费预测

地区	煤炭消费量/万吨			预测2021年同比增长/%
	2019年	2020年	2021年(预测)	
重庆	5 863	5 729	5 900	3.0
四川	9 774	9 887	10 100	2.2
贵州	10 797	10 502	10 600	0.9
云南	8 067	8 762	9 100	3.9
西藏	273	269	290	7.8
西南	34 774	35 149	35 990	2.4

数据来源：CCTD中国煤炭市场网测算。

综合来看，未来西部地区将成为主要的煤炭消费增长新亮点，预计2021年西北地区、西南地区煤炭消费同比增速将分别稳定在8.4%、2.4%左右。

六、小结

（一）分地区煤炭消费现状

2020年，华北、东北、西南、西北等地区煤炭消费量呈现了正增长趋势，同比增速依次为3.7%、4.1%、1.1%和7.9%；而受煤炭消费的逐步西移及新冠肺炎疫情等因素影响，东南地区、华中地区煤炭消费量呈现负增长趋势，同比增速依次为−1.3%和−4.8%。

（二）分地区煤炭消费预测

2021年，虽然煤炭消费将继续西移，但考虑到2020年煤炭消费基数较低及地区经济加速恢复，预测2021年，华北、东北、东南、华中、西南和西北等地区煤炭消费量均将实现正增长，同比增速依次为3.5%、2.5%、0.6%、0.9%、2.4%、8.4%。

第四章　中国煤炭供给现状及趋势展望

第一节　中国煤炭资源的总体储量及分布

一、中国煤炭资源基本情况

我国煤炭资源十分丰富,据预测,我国煤炭资源远景储量为5万亿吨以上,储量居世界前列。自然资源部发布的数据显示,截至2019年年底,我国煤炭查明资源储量达到1.72万亿吨,同比增长0.6%。2019年,全国新增煤炭探明可采储量300亿吨,同比减少46.0%,较2018年明显下降。

2020年6月,自然资源部发布的《2019年全国地质勘查成果通报》显示,2019年我国完成阶段性煤炭资源勘查的矿产地18处(普查2处、详查9处、勘探7处)。山西沁水煤田安泽县三交勘查区新增煤炭资源储量5.4亿吨;内蒙古东胜煤田准格尔召-新庙矿区安源西井田新增煤炭资源储量2.7亿吨。2020年11月,黑龙江北部最大规模整装煤田——孙吴四季屯区煤矿正式勘查。据悉,四季屯区煤矿(5区)是孙吴煤田的重要组成部分,面积195.2平方公里,煤种以长焰煤为主,普查阶段获得资源储量约5.48亿吨。

二、中国煤炭资源的地域分布

我国煤炭资源分布广泛,但分布极不平衡。从自然构造上来看,在昆仑山—秦岭—大别山一线以北地区,煤炭资源储量占全国的90.3%,其中太行山—贺兰山之间地区储量占北方地区的65%。昆仑山—秦岭—大别山一线以南的地区,煤炭资源储量只占全国的9.7%,这其中90.6%又集中在川、云、贵、渝等省(直辖市)。

从我国省(直辖市、自治区)划分来看,煤炭资源主要集中分布在目前经济还不发达的山西、内蒙古、陕西、新疆、贵州、宁夏等6省(自治区),这些省(自治区)的煤炭资源总量占全国煤炭资源总量的80%以上,而且煤类齐全,煤质普遍较好。而我国经济最发达、工业产值最高、对外贸易最活跃、需要能源最多、耗煤量较大的京、津、冀、辽、鲁、苏、沪、浙、闽、台、粤、琼、港、桂等14个省（直辖市、自治区、特别行政区）煤炭资源量仅占全国煤炭资源总量的5.3%左右。

可以看出，我国煤炭资源在地理分布上的总格局是西多东少、北富南贫。煤炭资源和主要消费地之间呈逆向分布，从而形成了“北煤南运”和“西煤东调”的基本格局，并且这种态势将长期存在。

三、中国动力煤资源煤种划分及分布情况

（一）动力煤煤种划分

动力煤是指用于作为动力原料的煤炭。从狭义上讲，是指用于火力发电的煤。从广义上讲，凡是以发电、机车推进、锅炉燃烧等为目的，为产生动力而使用的煤炭都属于动力用煤，称为动力煤。根据煤化程度划分，褐煤、长焰煤、不黏煤、弱黏煤、贫煤一般用作动力煤，同时我国气煤产量丰富，但由于其黏结性较差，炼焦所需气煤数量有限，因此我国大部分气煤用作动力煤。我国炼焦烟煤中，用作炼焦煤的主要有焦煤、肥煤、1/3焦煤、瘦煤、部分气煤和气肥煤，分不出牌号的全部用作动力煤，其他炼焦烟煤中约30%为高灰、高硫煤，主要用作动力煤。

（二）动力煤区域分布情况

我国动力煤资源主要集中在华北和西北地区，两地区储量分别占动力煤查明资源储量的46%和40%，合计占全国动力煤储量的86%以上；华东地区的动力煤仅占全国动力煤储量的1.8%；东北和中南地区的动力煤占全国动力煤储量的5.0%左右。

我国生产动力煤的省（自治区）主要有内蒙古、陕西、山西、新疆、甘肃、宁夏、辽宁、河北、河南、山东、安徽、贵州等，动力煤分布广泛，但煤种分布差异性也较大。

如果按牌号分类，我国动力煤的保有资源储量中，储量最多的是不黏煤；储量最少的是弱黏煤，只占动力煤查明资源储量的2.2%。动力煤中分牌号煤种结构如图4-1所示。

弱黏煤主要分布在陕西和山西；贫煤主要分布在山西，其储量约占全国贫煤储量的60%；不黏煤主要分布在内蒙古、陕西、宁夏、甘肃、新疆等地区；长焰煤主要分布在新疆、内蒙古、山西等地区；褐煤主要分布在内蒙古东北部，其储量约占全国褐煤储量的70%。

（三）炼焦煤资源储量及区域分布情况

我国炼焦煤资源的结构性矛盾十分突出，强黏结性的焦煤和肥煤相对较少，约占

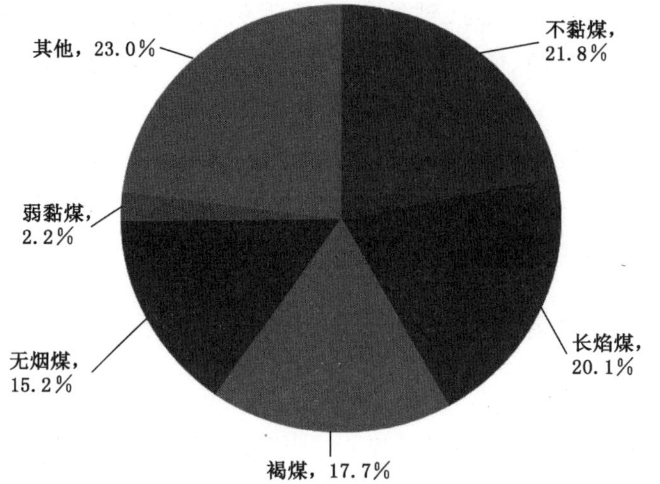

图 4-1　动力煤中分牌号煤种结构图

（数据来源：自然资源部、CCTD 中国煤炭市场网）

38%；而气煤资源储量较为丰富，占炼焦烟煤资源储量的近一半，约 47%。总体来看，我国炼焦煤原生煤质较差，硫分和灰分普遍偏高，优质炼焦煤（原煤灰分小于 20%、硫分小于 2%、强黏结性、可选性为易选的焦煤、肥煤、1/3 焦煤和瘦煤）约占炼焦煤总资源量的 15%，主要集中在山西离柳、乡宁、西山、霍州等矿区。我国炼焦煤查明资源储量构成情况如表 4-1 所列。

表 4-1　我国炼焦煤查明资源储量构成情况

煤种	构成/%	占全部煤种查明资源储量比例/%
气煤、1/3 焦煤	45.73	12
焦煤	23.61	6.2
肥煤、气肥煤	12.81	3.36
瘦煤、贫瘦煤	15.89	47
未分类	1.96	0.51

数据来源：自然资源部。

我国炼焦煤资源分布不均衡，主要分布在华北地区。分省来看，山西省炼焦煤储量居全国第一位。据自然资源部统计，山西省保有查明炼焦煤资源量为 1 388.3 亿吨，占全国炼焦煤资源储量的 45.2%；其次分别是安徽、山东、贵州、新疆、河北、河南等省（自治区）。在品种差异上，山西是炼焦煤品种最为齐全的省份，除了气煤和肥煤产量低于山东外，其余所有炼焦煤单品种产量均位于全国第一，属于区域龙头；其他省（自治区）中，山东和安徽以气煤为主，贵州以肥煤为主，内蒙古以主焦和 1/3 焦煤为主。我国主要炼焦煤生产地区的煤质特征如表 4-2 所列。

表 4-2　我国主要炼焦煤生产地区的煤质特征

主要地区	煤质主要特征
东北地区	属于低硫煤，开采历史长，浅部资源已基本开采完毕，部分矿区资源逐渐接近枯竭
华北地区	约占全国炼焦煤资源的 3/4，位于上部的山西组硫分一般低于 1%，下部的太原组硫分较高，为 1%～4%
西北地区	总体勘探程度低，难以全面评价炼焦煤数量、煤种及煤质
华南地区	炼焦煤资源量约占 4%，硫分更高，一般为 2%～5%

第二节　中国煤炭行业产能现状及趋势展望

一、中国煤炭行业产能现状

（一）煤炭行业总产能继续下降

“十三五”以来，随着煤炭供给侧结构性改革持续快速推进，煤炭行业过剩产能大量退出。2016—2019 年煤炭行业完成去产能 7.4 亿吨；2020 年去产能进入收官阶段，截至 2020 年年底，煤炭行业化解过剩产能约 1.6 亿吨。同时为保障能源稳定供应，优化煤炭产业结构，国家发改委和国家能源局核准批复建设和核增一批煤矿。受退出产能较多影响，煤炭行业总产能继续下降，截至 2020 年年底，煤炭行业总产能约 48.2 亿吨/年，较 2019 年减少 0.3 亿吨/年。2016—2020 年全国煤矿总产能如图 4-2 所示。

（二）巩固去产能成果，持续推进煤炭上大压小、增优汰劣

2016 年供给侧结构性改革以来，重点领域化解过剩产能工作扎实推进，总量性去产能任务全面完成，系统性去产能、结构性优产能初显成效，产业结构和生产布局得到了优化，供给质量和效率大幅提升。

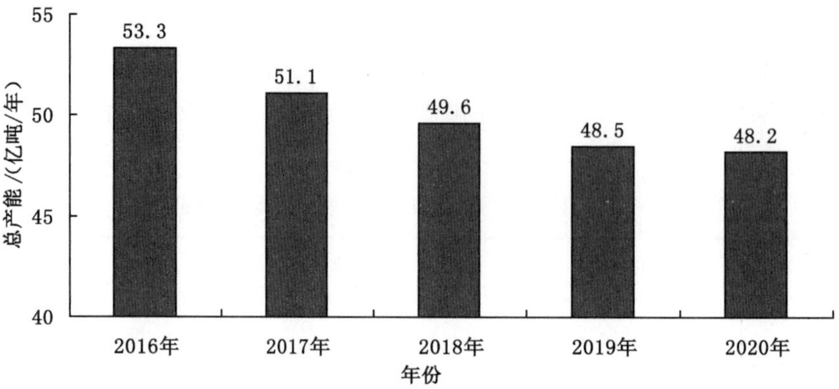

图 4-2 2016—2020 年全国煤矿总产能

（数据来源：CCTD 中国煤炭市场网）

2020 年 6 月，国家发改委、工信部、国家能源局等部门联合印发的《关于做好 2020 年重点领域化解过剩产能工作的通知》和《2020 年煤炭化解过剩产能工作要点》中指出，2020 年是全面建成小康社会和“十三五”规划的收官之年，要继续深入推进供给侧结构性改革，全面巩固去产能成果。具体有以下几个方面内容：

（1）全面巩固去产能成果。尚未完成“十三五”去产能目标的地区和中央企业，要统筹推进各项工作，确保去产能任务在 2020 年年底前全面完成。全面实施去产能项目“回头看”，认真落实产能认定、关闭标准、奖补资金使用、产能置换等方面的相关规定，确保各类督查和自查发现的问题及时整改到位。

（2）持续推进煤炭上大压小、增优汰劣。严格安全、环保、质量等方面执法，坚决淘汰不具备安全环保条件、不符合产业政策的落后产能。坚持产能置换长效机制，引导低效、无效产能有序退出。深入推进煤炭行业“放、管、服”改革，加快推动在建煤矿投产达产，合理有序释放先进产能，实现煤炭新旧产能有序接替。

（3）全面完成去产能目标任务。

（三）2020 年煤炭去产能完成情况

2020 年煤炭行业去产能进入收官阶段，在结构性去产能政策的引导下，各省（直辖市、自治区）煤炭去产能主要以淘汰落后产能为主。根据各省（直辖市、自治区）公布的煤炭实际去产能情况和 CCTD 中国煤炭市场网数据显示，截至 2020 年年底，全国退出产能（包括核减产能）约 16 314 万吨/年，如表 4-3 所列。

表 4-3 2016—2020 年煤炭行业去产能情况表 单位:万吨/年

任务	2016 年退出产能	2017 年退出产能	2018 年退出产能	2019 年退出产能	2020 年退出产能	2016—2020 年退出产能目标
国家目标	25 000	15 000	15 000	—	—	80 000 以上
上报目标	29 340	15 729	15 000	—	—	82 281
实际完成	31 752	16 200	15 593	10 853	16 314	90 712

数据来源:地方相关部门、国家发改委、CCTD 中国煤炭市场网。

2020 年,煤炭行业去产能主要集中在云南、山西、山东、贵州、陕西等地。西北产煤大省煤炭结构继续优化,退出产能多集中在 60 万吨以下的煤矿。2020 年退出、关闭煤矿产能最多的省份是云南省,退出产能 3 228 万吨/年;其次是山西省,完成去产能 2 074 万吨/年;再次是贵州和陕西省,去产能总量均达到了 1 500 万吨/年以上。五年间退出、化解煤矿产能最多的省份是山西省,完成去产能近1.2 亿吨/年,占全国总退出产能的 12.9%。2016—2020 年全国各省(直辖市、自治区)煤炭去产能情况如表 4-4 所列。

表 4-4 2016—2020 年全国各省(直辖市、自治区)煤炭去产能情况

省(直辖市、自治区)	去产能/(万吨/年)					
	2016 年	2017 年	2018 年	2019 年	2020 年	合计
北京	180	0	150	170	100	600
河北	1 450	1 187	1 401	1 006	783	5 827
山西	2 325	2 265	2 330	2 745	2 074	11 739
内蒙古	330	810	1 110	340	525	3 115
辽宁	1 361	1 020	361	30	374	3 146
吉林	1 643	293	605	18	15	2 574
黑龙江	1 010	76	1 312	311	1 369	4 078
江苏	818	18	0	180	45	1 061
安徽	967	705	690	165	210	2 737
福建	297	244	210	477	135	1 363
江西	1 547	353	371	183	285	2 739
山东	1 960	351	485	800	1 437	5 033

表 4-4(续)

省(直辖市、自治区)	去产能/(万吨/年)					
	2016 年	2017 年	2018 年	2019 年	2020 年	合计
河南	2 388	2 012	825	1 044	486	6 755
湖北	1 011	207	717	0	0	1 935
湖南	2 073	362	600	448	231	3 714
广西	236	246	147	154	180	963
重庆	2 084	264	87	170	120	2 725
四川	2 303	1 648	243	377	1 338	5 909
贵州	2 107	1 749	1 038	1 266	1 611	7 771
云南	1 896	169	1 246	430	3 228	6 969
陕西	2 934	96	596	278	1 552	5 456
甘肃	409	240	538	57	156	1 400
青海	9	132	69	60	0	270
宁夏	107	593	0	0	0	700
新疆	307	1 160	462	144	60	2 133
全国	31 752	16 200	15 593	10 853	16 314	90 712

数据来源:地方相关部门、CCTD 中国煤炭市场网。

(四)产能置换速度放缓,2020 年优质产能核准总量明显下降

《2020 年煤炭化解过剩产能工作要点》指出,要严格落实产能置换要求。除应急保供煤矿外,原则上不再实施产能置换诚信承诺,已出具承诺的企业要在规定时间内履行承诺到位,逾期未落实的将纳入企业信用记录。2020 年煤炭行业继续优化存量资源配置,推动在建煤矿加快建设,建成煤矿加快投产,合理有序地释放优质先进产能。据 CCTD 中国煤炭市场网统计,2020 年国家发改委和国家能源局核准批复煤矿总产能合计 4 460 万吨/年,较 2019 年明显减少,主要集中在新疆地区,其占比达到 74.4%,其余为陕西地区和甘肃地区,如图 4-3 所示。

二、中国煤炭行业产能展望

中国煤炭工业协会发布的《煤炭工业“十四五”高质量发展指导意见》中提出,“十四五”期间的主要目标和重点任务是优化煤炭资源开发布局。14 个大型煤炭

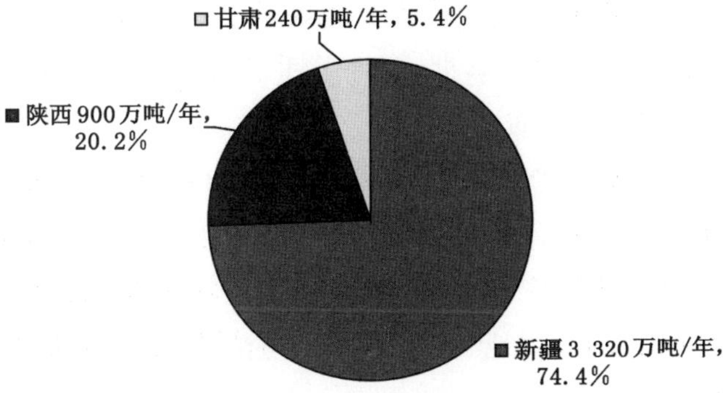

图 4-3　2020 年国家发改委和国家能源局核准批复的煤矿产能情况

基地，规划产量要达到 40 亿吨/年，占国内目标产量的 97.6%。内蒙古东部(东北)、云贵基地要做到稳定规模、安全生产，起到区域保障作用；煤炭产量分别稳定在5 亿吨/年、2.5 亿吨/年左右。冀中、鲁西、河南、两淮基地应控制规模、提升水平，起到基本保障作用；基地内煤炭产量分别稳定在 0.6 亿吨/年、1.2 亿吨/年、1.2 亿吨/年、1.3 亿吨/年左右。晋北、晋中、晋东、神东、陕北、黄陇基地应控制节奏、高产高效，发挥兜底保障；晋北、晋中、晋东基地合计煤炭产量控制在 9 亿吨/年左右，神东基地煤炭产量控制在 9 亿吨/年左右，陕北和黄陇基地煤炭产量控制在 6.4 亿吨/年左右。新疆基地应科学规划、把握节奏、梯级利用，“十四五”期间煤炭产量稳定在 3 亿吨/年左右。宁东基地应稳定规模、就地转化，做到区内平衡，煤炭产量稳定在 0.8 亿吨/年左右。

(一) 煤炭行业产能发展政策情况

1. 资源条件较差的新建、改扩建煤矿严格准入

2020 年 4 月，国务院安委会印发了《全国安全生产专项整治三年行动计划》，对煤矿安全整治提出了明确的要求。

(1) 停止审批山西、内蒙古、陕西新建和改扩建后产能低于 120 万吨/年的煤矿，宁夏新建和改扩建后产能低于 60 万吨/年的煤矿，其他地区新建和改扩建后产能低于 30 万吨/年的煤矿。

(2) 停止审批新建和改扩建后产能低于 90 万吨/年的煤与瓦斯突出煤矿。

(3) 停止审批新建开采深度超 1 000 米和改扩建开采深度超 1 200 米的大中型及以上煤矿，新建和改扩建开采深度超 600 米的其他煤矿。

(4) 停止审批新建和改扩建产能高于 500 万吨/年的煤与瓦斯突出煤矿，新建和改扩建产能高于 800 万吨/年的高瓦斯煤矿和冲击地压煤矿。

(5) 规范小煤矿技改扩能。整合技改扩能煤矿应于2020年12月底前完成项目核准、初步设计和安全设施设计审批、环评等手续。对于不按批复设计施工、边建设边生产的,取消其整合技改资格。

(6) 规范产能核定工作。新增产能必须实施产能置换,实现机械化开采。对实施机械化改造扩能的予以认可,对不合规的产能核定进行清理纠正,灾害严重矿井的产能只减不增。支持优质产能释放,对仅通过增加采煤工作面个数提升生产能力的不予认可,对存在采矿、用地、环保等方面违法违规问题的煤矿增加产能不予认可。

2. 培育发展优质先进产能,加快推进结构调整

(1) 培育发展优质先进产能。以煤电、煤化一体化及资源接续发展为重点,在山西、内蒙古、陕西、新疆等大型煤炭基地,谋划布局一批资源条件好、竞争能力强、安全保障程度高的大型露天煤矿和现代化井工煤矿。深入推进“放管服”改革,加快在建煤矿手续办理和工程建设进度,持续扩大优质增量供给。严厉打击违法违规建设行为,不断提高煤炭行业法治化水平。

(2) 加快推进结构调整。有关省(自治区、直辖市)要结合全国煤炭生产、运输格局变化,进一步优化存量资源配置,扩大优质增量供给,实现供需动态平衡。加快退出低效、无效产能和落后产能,持续减少煤矿数量,不断提高产能利用率,进一步提升安全、环保、能耗、工艺等办矿标准和生产水平。

(二) 煤炭行业未来产能发展

1. 去产能进入尾声,30万吨/年以下煤矿将继续退出

《30万吨/年以下煤矿分类处置工作方案》中指出,加快落实已制定的实施方案,按照严格执法关闭一批、实施产能置换退出一批、升级改造提升一批的要求,加快退出低效、无效产能,提升安全生产保障水平和能源稳定供应能力。根据煤炭行业“上大压小、增优减劣”和产业结构调整政策,2020年以后煤炭去产能将主要集中在30万吨/年以下煤矿,到2021年年底全国30万吨/年以下煤矿数量减少至800处以内,华北、西北地区(不含南疆)30万吨/年以下煤矿基本退出,其他地区30万吨/年以下煤矿数量原则上比2018年年底减少50%以上。目前黑龙江、河南、陕西、贵州、云南等多个省正逐步关闭30万吨/年以下煤矿。

2. 短期新审批新建煤矿可能性不大

煤炭行业无效、低效供给的破除仍需一定时间,同时产能置换指标交易仍有释放空间,2020年核准新建矿井均为产能置换矿井,短期内新建矿井仍以产能置换为主。内蒙古自治区能源局起草的《关于促进全区煤炭工业高质量发展的意见》

(征求意见稿)中提出,蒙东地区草原上不再新建煤矿项目,已经批准在建运营的煤矿不扩井(矿)田范围、不扩能技改、不核增产能、不由井工开采变更为露天开采,到期退出。

3. 2021 年新投产产能在 1 亿吨/年左右

近年来,煤炭行业不断要求提高煤炭供给质量,加快在建煤矿投产。由于之前置换出来的产能尽管未得到国家发改委等相关部门核准,但已有部分进入投产运营阶段,因此,尽管近年来国家发改委、国家能源局核准批复大量煤矿,但实际真正投产煤矿数量较之前仍处于下降趋势。根据项目建设进度推算,预计 2021 年将进入投产的煤矿产能在 1 亿吨/年左右。

4. 2021 年可释放产能约 40 亿吨/年

2021 年在建矿井继续大量投产运行,同时去除部分关闭退出产能,预计 2021 年可释放产能约 40 亿吨/年。在建矿井的产能主要由新建和资源整合等部分构成。随着一批矿井在证照办理齐全后逐渐投产以及部分投产煤矿产能利用率提升,预计国内煤炭产能将继续稳步释放,主要来自三个方面:① 投产煤矿产量"爬坡";② 新增联合试运转煤矿产能利用率提升;③ 未公告的违法违规煤矿合法化后的产能利用率提升。

5. 全国煤炭总产能将逐步趋稳

随着去产能总量继续减少,全国煤炭行业总产能将逐步趋稳。预计 2021 年总产能在 48.3 亿吨/年左右,如图 4-4 所示。

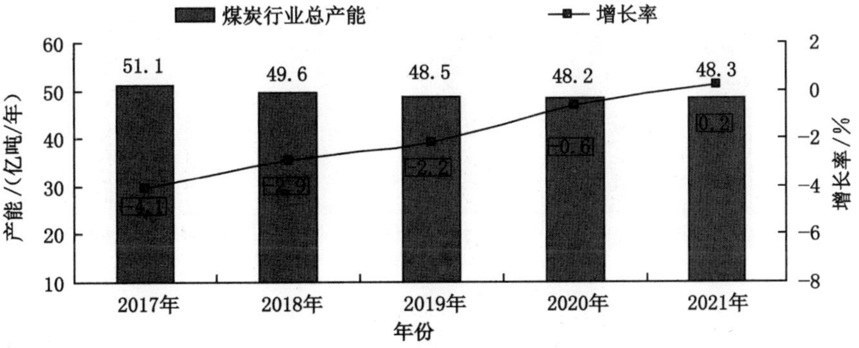

图 4-4　2017—2021 年煤炭行业总产能及同比增长情况

(数据来源:CCTD 中国煤炭市场网预测)

第三节 中国煤炭生产现状及趋势展望

一、动力煤生产现状及趋势展望

(一)生产现状分析

动力用煤是煤炭的主要用途,占有近70%的市场份额。电力、建材、化工三大行业是动力煤的主要下游行业,其消费量的变化影响着煤炭的供给变化;另外,煤炭作为我国的主体能源,其生产供应受政策调控的影响较大。

2020年,在新冠肺炎疫情、内蒙古地区“倒查二十年”以及安全、环保大检查等因素影响下,动力煤生产受到的影响较大。年初,受新冠肺炎疫情影响,煤矿复工普遍推迟,加上人员短缺,煤矿难以达产,导致产量明显下降。3月后,内蒙古地区清查和整治近20年煤炭资源领域违规违法问题,该自治区内煤矿严格按照核定产能生产,煤管票管控严格,导致产量明显下降。10月以后,虽然在保供要求下煤管票有所放开,但整体增产不及预期,尤其是露天矿生产受限更为明显。总体来看,2020年煤矿产能释放受限,全国动力煤产量同比略有下降。据CCTD中国煤炭市场网数据显示,2020年全国规模以上煤炭企业动力煤产量约为26.6亿吨,同比下降了0.75%,如图4-5所示。

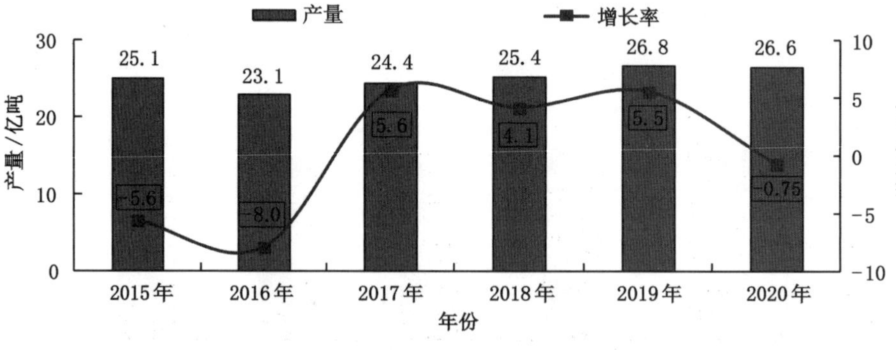

图4-5 2015—2020年全国规模以上煤炭企业动力煤产量及同比增长情况

(数据来源:CCTD中国煤炭市场网)

分地区来看,我国动力煤主要集中在山西、陕西、内蒙古、新疆、贵州、宁夏、河南等地区,其中2020年山西、陕西、内蒙古三地动力煤产量占全国的78.2%,较2019年增长了0.9个百分点。2019年和2020年全国各省(直辖市、自治区)规模以上煤炭企业动力煤产量如表4-5所列。

表 4-5　2019 年和 2020 年全国各省（直辖市、自治区）规模以上煤炭企业动力煤产量

地区	2019 年		2020 年	
	产量/万吨	同比增长/%	产量/万吨	同比增长/%
北京	34	−80.9	0	—
河北	1 910	−5.6	1 980	3.7
山西	49 486	5.5	52 702	6.5
内蒙古	97 118	8.5	92 428	−4.8
辽宁	2 271	−0.6	2 099	−7.6
吉林	869	−16.8	645	−25.8
黑龙江	1 137	−9.6	1 099	−3.3
安徽	324	−2.0	318	−1.9
福建	698	−17.0	593	−15.0
江西	229	−21.0	144	−37.1
山东	911	−6.4	820	−10.0
河南	6 776	−6.2	7 019	3.6
湖北	34	−67.8	17	−50.0
湖南	1 298	−12.2	1 094	−15.7
广西	352	−17.0	219	−37.8
重庆	690	5.3	479	−30.6
四川	2 089	−7.0	1 236	−40.8
贵州	8 130	−3.0	7 323	−9.9
云南	2 778	20.3	2 502	−9.9
陕西	60 795	2.2	63 372	4.2
甘肃	3 756	0.5	3 697	−1.6
青海	532	30.0	641	20.5
宁夏	6 243	−1.7	6 401	2.5
新疆	19 678	29.0	19 633	−0.2
全国	268 138	5.7	266 461	−0.6

数据来源：CCTD 中国煤炭市场网。

（二）趋势展望

2021 年，国内动力煤供应能力将继续提高，煤炭产量继续增加。

1. 国内动力煤产量增加,优质产能比重继续提高

首先,随着在建矿井不断投入生产,我国煤炭供应能力将继续提高。2021年我国退出落后产能很少,对整体供给影响不大;另外,随着世界范围内的新冠肺炎疫情好转,全球经济恢复将带动国内经济继续向好发展,煤炭消费将保持增长,对煤炭生产供应支撑较强。

其次,优质产能的比重不断提升。据中国煤炭工业协会统计,截至2020年年底,我国平均单井(矿)产能提高到110万吨/年以上,大型现代化煤矿已成为全国煤炭生产的主体。全国建成的年产120万吨以上大型现代化煤矿有1 200处以上,产量占全国的80%左右,其中,年产千万吨级煤矿52处,产能8.2亿吨/年。从地域分布看,这52处年产千万吨矿井主要分布在内蒙古、陕西、山西、新疆等地区。其中,内蒙古21处,产能3.91亿吨/年;陕西15处,产能2亿吨/年;山西8处,产能1.33亿吨/年;新疆3处,产能3 000万吨/年。年产30万吨以下的小煤矿数量、产能分别下降到1 000处以下、1亿吨/年左右。

最后,置换的产能大部分为动力煤矿井。据CCTD中国煤炭市场网统计,2020年新核准项目的产能主要分布在新疆、陕西地区,基本为动力煤矿井。

2. 环保、安全检查对供应的影响

(1) 环保检查方面。近几年来,我国煤矿企业不断加大环保投入,产区煤棚等环保设施建设取得很大进展,露天存煤得到了有效治理,但生态环境保护督察工作将继续进行,对煤炭生产仍产生一定影响。

(2) 安全检查方面。近年来煤矿事故仍时有发生。尽管煤矿安全检查不断,但各种突发性安全事故有时难以预防,安全因素对煤炭生产的影响一时难以消除。

3. 煤炭资源领域腐败的专项整治对煤炭的供应有较强不确定性

2020年内蒙古倒查煤炭领域腐败问题后,云南也在着手开展全省煤炭资源领域腐败问题专项整治工作。2021年,内蒙古倒查煤炭领域腐败的影响仍在持续,若倒查涉煤腐败问题向其他地区推进,将对其他区域内的煤炭供应产生一定影响。

综上分析,预计2021年全国规模以上煤炭企业动力煤产量为27.4亿吨,同比增长3.0%。2017—2021年全国规模以上煤炭企业动力煤产量及同比走势预测如图4-6所示。

二、炼焦煤生产现状及趋势展望

(一) 炼焦煤生产现状分析

2020年,我国炼焦煤产量同比略有下降。根据CCTD中国煤炭市场网统计数

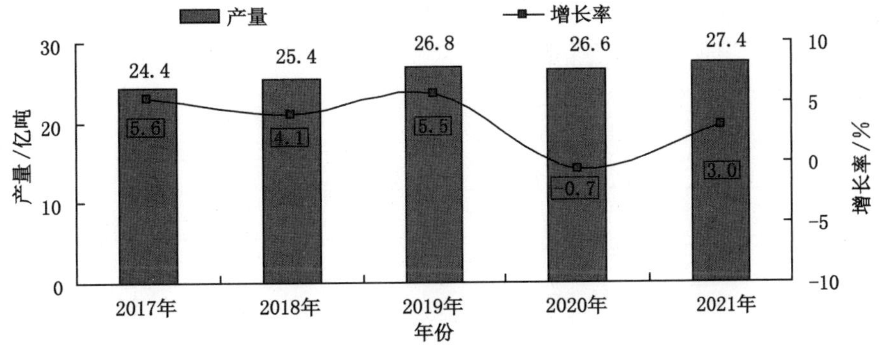

图 4-6　2017—2021 年全国规模以上煤炭企业动力煤产量及同比走势预测

（数据来源：CCTD 中国煤炭市场网）

据显示，2020 年全国规模以上煤炭企业炼焦煤产量约 11 亿吨，如表 4-6 所列。2015—2020 年全国规模以上煤炭企业炼焦煤产量及增长情况如图 4-7 所示。炼焦煤生产存在下列问题。

表 4-6　2019—2020 年全国各地区规模以上煤炭企业炼焦煤产量

地区	2019 年		2020 年	
	产量/万吨	同比增长/%	产量/万吨	同比增长/%
河北	3 546	−5.6	3 675	3.6
山西	48 817	5.5	51 764	6.0
内蒙古	6 405	8.5	6 094	−4.9
辽宁	637	−0.6	589	−7.5
吉林	405	−16.8	300	−25.9
黑龙江	4 305	−9.5	4 173	−3.1
江苏	1 096	−11.6	1 043	−4.8
安徽	10 641	−2	10 441	−1.9
江西	190	−21.0	119	−37.4
山东	10 766	−6.0	9 657	−10.3
河南	4 864	−6.2	5 038	3.6
湖北	4	−67.8	2	−50.0
湖南	45	−12.4	38	−15.6
重庆	456	5.3	316	−30.7

表 4-6(续)

地区	2019 年		2020 年	
	产量/万吨	同比增长/%	产量/万吨	同比增长/%
四川	1 290	−2.4	770	−40.3
贵州	5 676	−3.5	5 056	−10.9
云南	2 322	20.3	2 091	−9.9
陕西	2 617	2.2	2 726	4.2
甘肃	128	−0.8	127	−0.8
青海	474	30.3	570	20.3
宁夏	925	−1.7	949	2.6
新疆	4 096	29.2	4 090	−0.1
全国	109 705	1.9	109 628	−0.1

数据来源:CCTD 中国煤炭市场网。

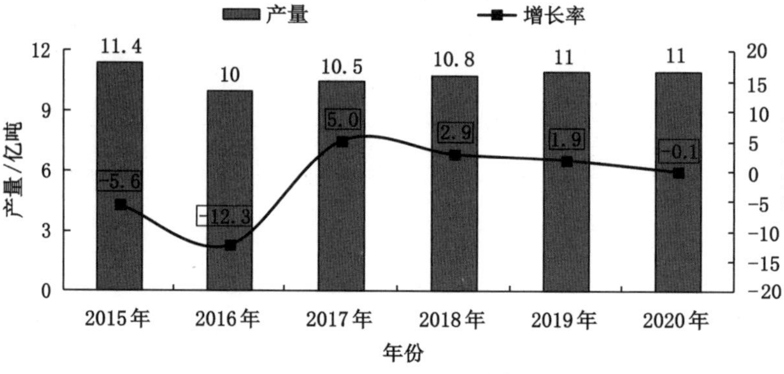

图 4-7 2015—2020 年全国规模以上煤炭企业炼焦煤产量及增长情况

(数据来源:CCTD 中国煤炭市场网)

1. 供给端释放的弹性较小

炼焦煤作为稀缺资源,未开发炼焦煤和在建炼焦煤矿井较少,供给端约束能力较强,叠加山东、安徽等地超千米老矿核减产能,供给端释放的弹性较小;同时安全、环保检查以及煤矿事故等对短期供应影响也较大。

2. 炼焦煤存在结构性紧缺问题

优质炼焦煤供应不足,其中低硫主焦、低硫肥煤及高硫主焦对市场来说仍然供不应求。我国高黏结性煤产量占比在 32%左右,导致低硫分主焦进口成为我国焦煤供给不可或缺、不可替代的一环。高黏结性煤，尤其是低硫分主焦的不足主要由蒙古和澳大利亚的进口炼焦煤来补足。

（二）趋势展望

1. 区域、结构性不平衡现象长期存在

炼焦煤产量的总量难以增长，可能出现阶段性产能的接续不足。新产能的投放较少以及旧产能的自然衰减导致产量增长缓慢，甚至逐渐趋向峰值。虽然总量供应短期内不存在疑虑，但是资源接续的问题却值得担忧。以山西为例，目前开采的炼焦煤均以上部山西统煤系为主，该煤系普遍低硫分，但是当下的开发已经接近尾声，往后随着纵深的推进，下部的太原统煤系硫含量将明显上升。我国东北炼焦煤已经开始局部面临资源枯竭的问题。2019—2021 年全国规模以上煤炭企业炼焦煤产量及同比走势预测如图 4-8 所示。

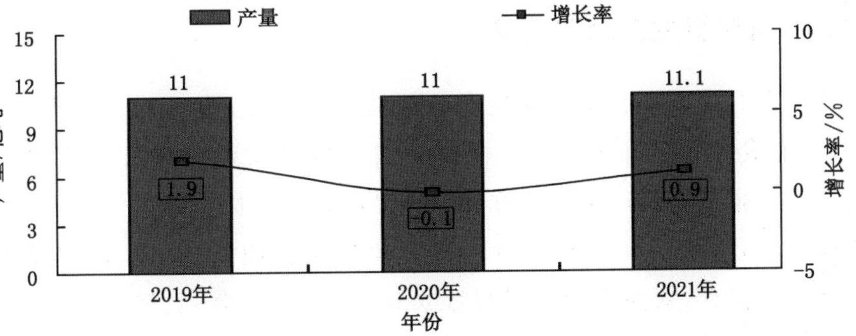

图 4-8　2019—2021 年全国规模以上煤炭企业炼焦煤产量及同比走势预测

（数据来源：CCTD 中国煤炭市场网）

2. 进口炼焦煤总量保持高位

我国炼焦煤进口依赖度较高。由于国内炼焦煤资源较为稀缺，叠加在供给侧结构性改革影响下，炼焦煤进口依赖度较高，基本保持在 10%以上。

三、中国煤炭生产现状

（一）生产现状分析

据国家统计局数据显示，2020 年全国规模以上煤炭企业煤炭产量 39 亿吨，同比增长了 1.4%。

（二）合法生产矿井产能释放持续增长

随着新建煤矿项目核准建设、转产以及核增煤矿加快增产，晋陕地区优质产能供应能力继续增强。据 CCTD 中国煤炭市场网数据显示，2020 年，陕西省煤炭产量6.8亿吨,同比增长了6.3%;山西地区煤炭产量10.6亿吨,同比增长了8.2%。

(三)内蒙古地区产能释放明显受限

受煤炭资源领域腐败问题专项整治工作的影响,内蒙古地区的煤矿产能释放持续受限,尤其是露天矿生产受土地审批等问题影响较大,使得内蒙古地区产能收缩明显。据CCTD中国煤炭市场网数据显示,2020年内蒙古地区煤炭产量10亿吨,同比下降了7.8%。

(四)生产集中度进一步向“三西”地区集中

从产地来看,煤炭产量向“三西”(山西、陕西、内蒙古西部)地区继续集中,“三西”仍是主要的煤炭产地。2020年,内蒙古、陕西和山西三个省份的煤炭产量占全国产量的71.3%,较2019年提高了1.4个百分点。

四、中国煤炭生产趋势展望

综合以上对动力煤和炼焦煤生产趋势的展望,2021年我国煤炭的产能结构将继续优化,煤炭产量亦有所增长。根据新增产能以及释放情况来看,2021年全国规模以上煤炭企业煤炭产量预计在40.7亿吨,同比增长4.4%。

分地区来看,2021年煤炭产量增长主要集中在山西、陕西、新疆等地,优质增量供给将继续提升,从而保障了煤炭稳定供应。鲁西、冀中、河南和“两淮”等地区煤炭产量增速将受到抑制。江苏、四川、重庆、福建、江西等地区的煤炭产量将继续萎缩。2020—2021年全国各省(直辖市、自治区)规模以上煤炭企业煤炭产量及预测如表4-7所列。

表4-7 2020—2021年全国各省(直辖市、自治区)规模以上煤炭企业煤炭产量及预测

单位:万吨

省(直辖市、自治区)	2020年	2021年
北京	0	0
河北	4 974.7	4 600
山西	108 023.8	119 300
内蒙古	101 181.8	103 900
辽宁	3 125	3 100
吉林	992.9	900

表 4-7(续)

地区	2020 年	2021 年
黑龙江	5 541.1	6 000
江苏	1 021.9	900
安徽	11 084.4	11 300
福建	655.6	500
江西	284.8	200
山东	11 080.2	9 300
河南	10 557.7	9 300
湖北	21.3	0
湖南	1 052.2	700
广西	266.6	300
重庆	939.4	0
四川	2 123.9	1 900
贵州	12 192.4	13 100
云南	5 341.9	5 800
陕西	68 178.8	70 000
甘肃	3 860.5	4 200
青海	1 092.1	1 100
宁夏	8 151.6	8 600
新疆	27 048.4	32 000

数据来源:CCTD 中国煤炭市场网。

第五章 中国煤炭运输现状及规划情况

第一节 中国煤炭铁路运输现状及规划情况

2020 年,全国铁路固定资产投资完成 7 819 亿元,投产新线 4 933 千米,其中高速铁路 2 521 千米。全国铁路营业里程达到 14.6 万千米,其中高铁 3.8 万千米。全国铁路完成货物发送量 45.5 亿吨,同比增长了 3.2%,其中全国铁路煤炭运量完成 23.6 亿吨,同比下降了 4.1%,如图 5-1 所示。

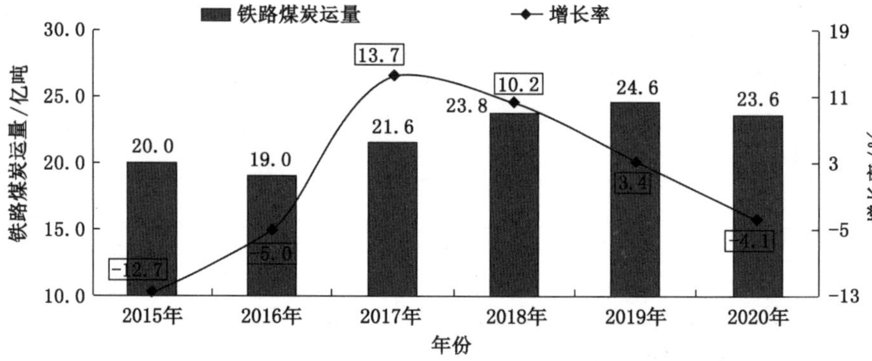

图 5-1 2015—2020 年全国铁路煤炭运量

(数据来源:国家铁路局)

一、中国主要铁路煤运通道运行及规划情况

我国煤炭调出省(自治区)主要包括山西、陕西、内蒙古、贵州、安徽、河南、新疆等。其中,山西、陕西、内蒙古地区的煤炭调出量居于前列,承包了我国大部分的煤炭输出任务。我国煤炭调入省(直辖市)在地理位置上的分布相对分散,主要涉及河北、山东、江苏、浙江、广东、辽宁、重庆、四川、湖南、江西等地区。宁夏自 2017 年起由净调出地区转变为净调入地区,其煤炭缺口主要由内蒙古、陕西地区调入。

近年来，在大秦、黄骅、集通、张唐等煤炭铁路运输网络能力稳定增加的基础上，瓦日铁路运输能力增强，浩吉铁路投入运营，煤炭铁路运输瓶颈问题得到了缓解。全国主要运煤铁路通道如表 5-1 所列。

表 5-1 全国主要运煤铁路通道

通道		干线	里程/千米	起点	终点	煤炭来源
南北通道	南北通道	浩吉	1 814	浩勒报吉站	吉安站	呼吉尔特和纳林河矿区、榆横矿区、神府矿区
东西通道	北通道	大秦	653	北同蒲线韩家岭站	秦皇岛市柳村站	大同、平朔、准格尔和东胜等矿区
		丰沙大	354	北京枢纽丰台西站	大同西站	大同、平朔、准格尔和东胜等矿区
		京原	419	北京枢纽石景山南站	北同蒲线原平站	轩岗和西山等矿区
		集通	924	京包线贲红站	大郑线通辽站	东胜、乌海和石嘴山等矿区
		神朔黄	864	神朔线神池南站	黄骅港前站	神府、东胜、榆林等矿区
		准池线	180	大准铁路外西沟站	朔黄铁路神池南站	准格尔地区
		蒙冀线	1 000	内蒙古鄂尔多斯	唐山曹妃甸港	鄂尔多斯地区
	中通道	石太	243	北同蒲线太原北站	京广线石家庄站	西山、离柳、汾西和阳泉等矿区
		邯长	222	京广线邯郸站	太焦线长治北站	潞安和阳泉矿区
		瓦日	1 260	兴县站	日照南站	吕梁矿、长治等矿区
	南通道	太焦	434	南同蒲线修文站	焦作站	西山和沿线的潞安、晋城等矿区
		侯月	252	南同蒲线侯马北站	月山站	韩城、澄合、蒲白、乡宁、晋城等矿区
		陇海	1 759	兰州站	连云港站	神府、榆林、黄陵、彬长、蒲白、石嘴山等矿区
		宁西线	1 030	西安新丰镇	南京永宁镇站	宁东、黄陇、陕北大型生产煤炭基地
		西康线	267	西安新丰镇	安康东站	宁东、黄陇、陕北大型生产煤炭基地

数据来源：国家铁路局。

(一) 北通道

北通道以动力煤外运为主,随着准池线、蒙冀线的开通,以及神华铁路、港口设备、设施对外开放,煤炭行业面临的铁路外运瓶颈彻底被打破,发煤企业运输通道的可选性增强,煤炭铁路运输也呈现围绕大秦线、神朔黄线和蒙冀线的“三足鼎立”之势。

1. 大秦铁路

大秦铁路是我国第一条双线电气化重载铁路,设计运输能力 4.5 亿吨/年,是西煤东运的能源大通道,目前是我国煤炭运输的第一大通道。2020 年,大秦线全年完成运输量 4.1 亿吨。2020 年,大秦线运量呈现“前低后高”态势。具体来看,2020 年年初至 4 月,在新冠肺炎疫情影响下,煤炭市场供需双弱,加之油价下行、高速公路政策性免费等因素影响,大秦线等运煤通道发运量较低,不及预期;进入 5 月之后,国内新冠肺炎疫情得到了有效控制,企业复工复产加快,大秦线运量迅速回升;入冬以后,全国多地气温骤降,电煤需求快速增长,煤炭保供任务艰巨,大秦线运量高位平稳运行。2015—2020 年大秦铁路煤炭运量如图 5-2 所示。

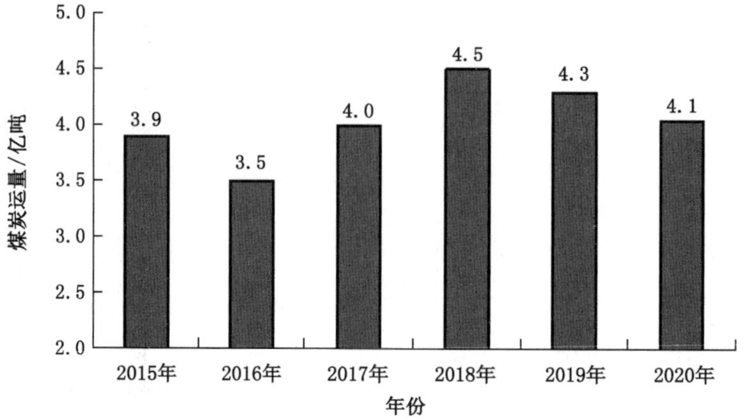

图 5-2 2015—2020 年大秦铁路煤炭运量

(数据来源:大秦铁路股份有限公司)

2. 神朔黄铁路

朔黄铁路年设计运能为近期 3.5 亿吨/年,远期 4.5 亿吨/年,与神朔铁路共同构成我国西煤东运第二大通道。2020 年,由于受新冠肺炎疫情影响,神朔黄铁路煤炭运输欠量一度达到 1 071 万吨。截至 2020 年年底,神朔黄铁路完成煤炭运量 3.2 亿吨,连续三年实现煤炭年运量突破 3 亿吨。一是严格执行神华集团各项工作部署,瞄准全年目标,紧抓运输情况好转时机,细化完善补欠组织方案,科学调度指挥,努力追赶煤炭运输欠量;二是多次召开运输补欠专题协调会,灵活调整运输策略,积极推进机车交路调整、天窗时间黄骅港至段庄区间停车、建投黄骅南整备所、组织开行1.6万吨列车等举措,有效解决了运输难点和堵点,将运输能力由设计能力3.5亿吨/年提升至3.8亿吨/年;三是在三四月运量低迷的情况下,协调增开天窗,提前对历年来的线路养护重点地段分层分级进行施工,为后续大幅生产补欠增加运输能力适应方面的弹性。

3. 准池线

该线路由神华集团控股,位于内蒙古中部及山西省北部,北起大准铁路外西沟站,往南至朔黄铁路神池南站,连接大准和朔黄铁路。年运输能力可达2亿吨。该线路打通朔黄铁路和大秦铁路南北两大运输通道,并与神华集团既有的甘泉铁路、包神铁路、神朔铁路、新巴准铁路和大准铁路联动,共同形成了围绕"晋西、陕北和蒙南"主要煤炭基地的环形辐射状重载铁路网。该铁路网围绕直径近200千米的三地煤源,形成中国乃至世界最大的煤炭能源集散地(含蒙古国嘎顺苏海图—甘其毛都),通过神朔黄铁路和大秦铁路两大南北运输通道直达沿海的港口码头,形成了强劲的运输能力。

4. 蒙冀线

该线路设计运输能力为2亿吨/年。2018年6月,在唐呼线接入万吨大列之后,蒙冀线全年完成运量5 405万吨。2019年,蒙冀线发运煤炭达到7 800万吨。

然而,2020年蒙冀线难以完成增量5 000万吨的预定目标。一是内蒙古地区对涉煤领域腐败"倒查20年"以及煤管票管理使蒙煤产量减少,进而影响了蒙冀线运输数量。二是很多准格尔、伊泰等资源由准东—大秦线运往秦皇岛港,或者由神朔黄线运往黄骅港。三是蒙冀线—曹妃甸港运输通道存在运距远、运费高等劣势,市场竞争中不占优势;尽管蒙冀线两次下调运费,曹妃甸港也下调包干费,但仍在煤运市场竞争中处于劣势。

(二) 中通道

中通路以焦煤和无烟煤外运为主,主要运输晋东、晋中煤炭生产基地至华东、中南地区以及至青岛港、日照港的煤炭。

1. 石太铁路

石太铁路起于北同蒲线太原北站,迄于京广线石家庄站,全长243千米。石太铁路榆次至赛鱼段输送能力为客车13对、货运能力7 000万吨/年;阳泉至石家庄段输送能力为客车14对、货运能力8 000万吨/年。石太铁路现有煤运能力8 000万吨/年,目前正在对原来的石太线进行技术改造,改造后货运能力可提高至

1 亿吨/年。其煤炭来源主要为西山、离柳、汾西和阳泉等矿区，集运铁路主要有北同蒲线宁武至太原段、南同蒲线、西山支线、太古岚支线、上兰村支线和沿线的阳泉站，疏运线有石德线、京广线、石平线等。

2. 邯长铁路

邯长铁路东起京广线北京铁路局邯郸站，经河北省武安、涉县，山西省黎城、潞城至太焦线长治北站并连接晋中南铁路通道，全长 221.7 千米。与北太焦线(太原至长治北)、阳涉线、邯济线构成山西中路煤炭外运的通道。随着复线改造工程的完成，货运能力将达到 2 亿吨/年。

3. 瓦日铁路

瓦日铁路设计年运输能力 2 亿吨。晋中南铁路山西境内沿线煤炭品种多样，既有喷吹煤、肥煤、主焦煤，又有动力煤。2020 年，通过对瓦日线部分区段实施自动闭塞改造、实施瓦日线单元万吨列车编组由 96 辆扩编至 106 辆，以及多项优化列车径路措施，最大限度地释放了瓦日线运输能力。2020 年，瓦日线运量日均完成18.96 万吨，累计完成 6 920 万吨，同比增加 1 298 万吨、增长了 23%。

(三) 南通道

南通道以焦煤、肥煤和无烟煤外运为主，主要运输陕北、晋中、神东、黄陇和宁东地区的煤炭至中南、华东地区以及日照、连云港等港口。

1. 太焦铁路

太焦铁路货运能力为 8 000 万吨/年，煤运能力为 7 000 万吨/年。煤炭来源主要为山西西山和沿线的潞安、晋城等矿区，集运铁路主要有太原枢纽、沁沁线、武墨线和沿线各站。大部分转交新月线至河南、山东或至山东日照港下水，小部分转交焦柳线南下至湖北和湖南。

2. 侯月铁路

侯月铁路起于南同蒲线山西侯马北站，迄于河南月山站，全长 252 千米。限制区段为上交至嘉峰段，年输送能力为客车 3 对、货运 5 000 万吨。2017 年煤炭运量不到 6 600 万吨，2018 年煤炭运量 8 776 万吨，2020 年煤炭运量达到 1.7 亿吨。煤炭来源主要为韩城、澄合、蒲白、乡宁、晋城等矿区，部分转交新月线至河南、山东或至山东日照港下水；部分转交焦柳线南下至湖北和湖南。集运铁路有侯西线、南同蒲线；疏运铁路与太焦线相同，主要有焦柳线、新月线。

3. 陇海铁路

陇海铁路目前货运能力为 7 500 万吨/年，其中：西安至郑州段输送能力为客车 56 对、货运能力 7 000 万吨/年；郑州至徐州段输送能力为客车 32 对、货运能力

7 000 万吨/年。铁路煤炭来源主要为神府、榆林、黄陵、彬长、蒲白、石嘴山等矿区，集运铁路主要有宝中线、成铜线、西延线、侯西线、南同蒲线等。部分转交焦柳线至湖北、湖南；部分转交京广线南下至湖北和湖南；部分转交京九线至安徽、江西；部分转交京沪线至江苏和浙江。

4. 西康铁路

西康铁路起于西安枢纽内新丰镇站，迄于襄渝线安康站，全长 268 千米。西康铁路限制区段为窑村至吕河，输送能力为客车 8 对、货运能力 5 000 万吨/年，煤炭运能为 2 200 万吨/年。煤炭来源主要为宁东、黄陇、蒲白和澄合等矿区，集运铁路主要有咸铜线、侯西线和襄渝线，大部分转交襄渝线安康至襄樊段至湖北，小部分转交襄渝线安康至重庆段南下至川渝地区。

二、浩吉铁路运行情况及对市场影响分析

（一）浩吉铁路基本情况

浩吉铁路北起内蒙古浩勒报吉站，终点为江西省吉安站，线路全长 1 814 千米，规划设计年输送能力 2 亿吨，是国内最大规模运煤专线，跨越内蒙古、陕西、山西、河南、湖北、湖南、江西七个省（自治区），是继大秦线之后国内又一条超长距离运煤大通道。浩吉铁路连接了内蒙古、陕西、甘肃、宁夏能源“金三角”和湖北、湖南、江西等华中地区，是北煤南运国家战略运输通道，是衔接多条煤炭集疏运线路、点网结合、铁水联运的大能力、高效率煤炭运输系统和国家综合交通运输系统的重要组成部分。

按照规划，浩吉铁路承担的煤炭供应主要来自呼吉尔特、宁东、榆林等地，其中 50%以上到达湖北、湖南、江西等省。随着浩吉铁路的投入运行，国家北煤南运新的战略通道正式打通，彻底改变了过去煤炭资源由西至东，再经过海运、江运才能到达华中、华南地区的状况。

（二）浩吉铁路沿线煤炭资源情况

浩吉铁路的沿线站点有 82 个，根据其近期规划发站和到站列车对数，陕西省的发运站将承担浩吉铁路 64%的发运煤源，其次是内蒙古，占到其发运煤源的 28%。浩吉铁路沿线煤炭矿区共有 4 个，设计产能约 5 亿吨/年，其中鄂尔多斯地区呼吉尔特矿区设计产能 1 亿吨/年、纳林河矿区设计产能 1.2 亿吨/年，榆林地区榆横矿区设计产能 1.32 亿吨/年、榆神矿区设计产能 1.55 亿吨/年。此外，新街矿区红庆河煤矿（产能 1 500 万吨/年）、神府矿区红柳林煤矿和柠条塔煤矿（产能 3 300 万吨/年）也属浩吉铁路运输辐射煤源。

(三) 浩吉铁路运营情况

2020年,浩吉铁路完成运量2 620万吨,同比增加2 218万吨。浩吉铁路运输增量与运量都不及预期,主要原因是浩吉铁路集疏运系统建设滞后,为浩吉铁路配套的铁路专用线、储配基地和物流园等基础设施完工率不足五成,严重制约了浩吉铁路运能释放。2021年,浩吉线计划增运2 500万吨以上。

(四) 浩吉铁路运行对市场影响分析

1. 对“三西”地区煤炭流向的影响

目前,北煤南运受既有铁路运力不足的影响,部分煤炭需从主产地经铁路运输至北方港口后,下水船运至南方各省份,华中地区甚至需要通过“海进江”转运至下游各处。“海进江”的运输方式具有周期长、损耗大等缺点,并且,北方港口储运能力基本达到顶峰,仅曹妃甸还有部分增量。

随着北煤南运的需求不断增长,铁路直达的运输需求压力也在增大,从布局情况来看,北煤南运相比西煤东运运力更为紧张,主要原因是这些通道大部分都是客货共线,没有类似大秦、朔黄的煤炭专运通道。浩吉铁路开通后,我国“三横五纵”煤炭运输通道基本形成,可有效缓解西煤东运和北煤南运的运力紧张压力。在综合运输成本、运输效率以及运输损耗等多方面因素后,浩吉铁路可将“三西”地区煤炭直接运输至“两湖一江”等地区。“三西”地区煤炭通过浩吉铁路向北煤南运直达通道倾斜,部分地区甚至会减少“下水煤”运量需求。

分地区来看,浩吉铁路煤源主要分布在鄂尔多斯和榆林地区。榆林地区具备上浩吉铁路条件的煤源主要分布在靖神铁路,该铁路为新建铁路,周边煤源主要为新建矿井,对既有线路的影响较小。鄂尔多斯地区煤源主要分布在南部铁路上,该铁路为既有铁路,并与包西线相接,因此浩吉铁路的开通对鄂尔多斯地区煤炭运销影响较大。

2. 对“两湖一江”地区煤炭运输格局及运输成本的影响

浩吉铁路将分流“海进江”通道东西向的煤炭运输量,缓解华中“两湖一江”地区煤炭供应的紧张局面,并增加铁路直达煤在“两湖一江”地区煤炭外调量中的比重,减少“海进江”和公路煤炭运输量,对保障“两湖一江”地区煤炭供应起到关键作用。

目前,“两湖一江”地区下游用户除采购中长协合同煤外,仍需采购市场煤(以“海进江”煤为主)作为补充。尤其是用煤高峰期时,北方港口煤炭价格波动较大,并且容易出现个别煤种供应紧张的局面,导致下游用户的采购成本呈季节性、阶段性波动。浩吉铁路开通后,为供需双方增加煤炭中长期采购合同量提供保障,有助于帮助下游用户稳定煤源、降低采购成本，为企业实现降本增效提供帮助。

3. 浩吉铁路短期对沿海煤运格局影响不大

浩吉铁路的投产运营，不会给环渤海港口煤炭运输形势带来多大影响，更不会改变传统的沿海煤炭运输格局。

浩吉线主打“两湖一江”地区煤炭供给，其中一部分为沿江电厂，大部分用户与“海进江”运输无关，依靠铁路运输，对环渤海港口煤炭正常发运影响不大。依靠“海进江”进入“两湖一江”地区的煤炭应该在5 000万～7 000万吨/年，约占环渤海港口煤炭发运量的10%。尽管浩吉线煤炭集中供应给华中地区，但供给侧结构性改革形势下华中地区的煤炭需求也在增加，“两湖一江”地区煤炭缺口持续放大，需求增速很可能会高出供应速度。“两湖一江”地区使用浩吉线的煤炭，在自己还不够用的情况下，不会将煤炭供应给下游的江苏、上海等长三角地区，长三角地区煤炭供应仍主要依靠环渤海港口供给。短期内，浩吉铁路投产对沿海煤炭运输市场的直接冲击有限。

从沿海煤炭运输格局来分析，北方运煤港口尤其是环渤海港口在西煤东运和北煤南运中仍将继续发挥重要的作用。

三、中国主要铁路煤炭运量分析及预测

（一）铁路煤炭运输通道规划

1. 铁路煤炭运输发展规划

根据国务院办公厅印发的《推进运输结构调整三年行动计划（2018—2020年）》、国家发改委等部门发布的《关于加快推进铁路专用线建设的指导意见》和原中国铁路总公司制定的《2018—2020年货运增量行动方案》等相关文件，未来煤炭铁路运输发展主要在现有煤炭外运通道能力提升方面和专用铁路线建设方面。

（1）扩充煤炭外运通道能力。① 围绕大秦、唐呼、侯月、瓦日、宁西、兰渝等六线，以山西、陕西、内蒙古、新疆及沿海和沿江省份等六区域为重点，深入挖掘运输潜力，为铁路货运增量行动提供可靠的运力保障。② 扩大万吨重载列车开行范围。在继续优化稳定大秦线运输的同时，对唐呼线、瓦日线实施扩能改造，进一步加大万吨重载列车的开行力度。

（2）挖掘既有通道潜力。① 充分发挥2017年开通运营的兰渝铁路、西成高铁等新线作用，释放宝成、西康铁路等入川、入渝通道能力。② 挖掘宁西、侯月等铁路的运输潜力。③ 强化机车车辆装备保障，加大投资力度，购置一批大功率机车

和货车,满足货运增量运输的需要。

(3) 聚焦陕西、内蒙古的煤源,加快浩吉铁路线路上点线能力配套,提高浩吉铁路发运量。

(4) 推动重点干线铁路项目建设进度,加快京原、黄大等连接西部与华中、华北地区干线铁路建设和改造,实施铁路干线主要编组站设备设施改造扩能,缓解部分区段货运能力紧张局面,提升路网运输能力。

(5) 加快推进铁路专用线建设。《关于加快推进铁路专用线建设的指导意见》明确提出,2020 年,一批铁路专用线开工建设,沿海主要港口、大宗货物年运量 150 万吨以上的大型工矿企业、新建物流园区铁路专用线接入比例均达到 80%,长江干线主要港口基本引入铁路专用线。到 2025 年,沿海主要港口、大宗货物年运量 150 万吨以上的大型工矿企业、新建物流园区铁路专用线力争接入比例均达到 85%,长江干线主要港口全部实现铁路进港。

2. 主要煤炭运输铁路建设

(1) 黄大铁路

黄大铁路是以货运为主的铁路,2020 年 12 月 26 日正式开通试运营。其货运量设计为近期 2 500 万吨/年(其中煤炭 2 370 万吨/年)、远期 4 200 万吨/年(其中煤炭 4 050 万吨/年),并兼顾客运(近期 1 对、远期 2 对)。黄大铁路建设将进一步完善环渤海地区铁路网,并将形成一条连接鲁北地区与“三西”能源基地之间的铁路运输新通道,有效缓解鲁北地区煤炭紧张的局面。目前,朔黄铁路全长 598 千米,年运输能力 6 885 万吨,再加上黄大线近期目标 2 370 万吨/年,投运后年运输能力可达 9 000 万吨以上,而神华集团在铁路板块已经有了包括大秦、包神、神朔、朔黄、大准等铁路线,黄大铁路获批后,神华集团在煤炭铁路运输上的地位以及其在煤炭行业内的竞争力继续增强,该地区的煤炭运输费用也能降低。

(2) 德龙烟铁路

德龙烟铁路起自德州,西连京沪、石德线,东接胶东半岛重要港口——龙口港、烟台港。该工程正线全长约 586 千米,由德大段、大莱龙段、龙烟段共同组成。德大铁路已于 2015 年 9 月正式通车。大莱龙铁路扩能改造工程正在进行,2020 年年底完成主体工程,建成后将形成山东半岛北部铁路货运大动脉。龙烟铁路已于 2017 年 12 月 19 日通车运营,该线路全长约 121 千米,投资约 60 亿元。龙烟铁路全线沿海,它的建成将串起渤海湾的多个港口,滨州港、东营港、潍坊港、莱州港、龙口港、烟台港都被串联其中。其与德大铁路、大莱龙铁路统称为德龙烟铁路,成为山西煤炭基地至环渤海港口的便捷通道。

(3) 邢和铁路

邢和铁路东起河北邢台小康庄站，西经山西省和顺县，到达临汾，与邯黄铁路为晋煤东运开辟另一条出海通道。该项目已于2015年11月30日开工，正线全长约142千米，新建阳涉铁路联络线7.41千米，投资估算66.4亿元，其煤运能力逐步达到4 000万吨/年，2021年通车。

(4) 长西铁路

长西铁路是指新建的长春（开安）至西巴彦花铁路，该项目正线全长393.41千米，全线共设13处车站，设计最高行车速度120千米/小时，平面预留160千米/小时，项目已于2016年4月开工。长西铁路工程作为国家向社会资源开放的80个示范项目之一，是吉林省加快融入"一带一路"国家战略、打造蒙东煤炭运输便捷通道的重要举措，对于拉动沿线地区经济发展，促进蒙东地区、吉林西部地区与朝鲜、日本、俄罗斯等国家贸易交流具有重要的意义。

(5) 神木至瓦塘铁路红柳林至冯家川段

神木至瓦塘铁路红柳林至冯家川段长约84.4千米，总投资87.5亿元，建设工期3年，于2017年开建，是以煤运为主的资源开发性铁路。线路自红柳林至柠条塔铁路红柳林站引出，经榆林市神木市、府谷县，忻州市保德县，接入在建的兴县至保德铁路冯家川站，共设7座车站，并同步配套建设煤炭储装运设施。规划运输能力：红柳林至田家寨段5 000万吨/年，田家寨至冯家川段6 500万吨/年。

(6) 将军庙至淖毛湖铁路

将军庙至淖毛湖铁路位于昌吉回族自治州和哈密市，总投资103.6亿元，全长429.88千米，设计时速120千米，计划于2023年9月竣工，是一条以货运为主的区际路网干线。线路东端自红淖铁路白石湖南站引出，沿天山北麓向西，经伊吾、巴里坤、木垒、奇台四县及准东经济技术开发区，西端与乌将铁路相接，连通兰新铁路、额哈铁路，形成出疆北部新通道，也是疆煤外运的重要通道及煤化工产品外运的集运线路。

（二）主要铁路煤炭运输能力预测

结合铁路煤炭运输相关规划和各大通道实际运能情况来看，2021年"三西"铁路煤炭运输能力将增加1.05亿吨左右，"三西"地区主要铁路外调运力将达到18.31亿吨，如表5-2所列。

表 5-2　2021 年“三西”地区主要运煤通道运力预测　单位:万吨

通道		线路名	2020 年		2021 年(预测)	
			货运能力	煤运能力	货运能力	煤运能力
“三西”地区主要运煤通道	北通道	丰沙大线	10 000	7 000	10 000	7 000
		大秦线	45 000	45 000	45 000	45 000
		集通线	7 000	3 000	7 000	3 000
		朔黄线	35 000	35 000	35 000	35 000
		京原线	2 800	1 900	2 800	1 900
		蒙冀线	20 000	15 000	20 000	15 000
		小计	119 800	106 900	119 800	106 900
	中通道	石太线	10 000	8 000	10 000	8 000
		邯长线	10 000	7 000	10 000	7 000
		瓦日线	13 000	10 000	20 000	18 000
		小计	33 000	25 000	40 000	33 000
	南通道	太焦线	8 000	7 000	8 000	7 000
		侯月线	20 000	16 200	20 000	16 200
		陇海线	10 000	5 000	10 000	5 000
		宁西线	10 000	5 500	10 000	5 500
		西康线	7 000	4 000	7 000	4 000
		小计	55 000	37 700	55 000	37 700
北煤南运通道		浩吉线	5 000	3 000	8 000	5 500
合计			212 800	172 600	222 800	183 100

数据来源:中国铁路经济规划研究院有限公司、CCTD 中国煤炭市场网。

(1) 随着唐呼铁路疏解改造工程全面完成,唐呼线(由蒙冀线、集包线集呼段合并而成)货运能力将提升 30%以上,煤炭运输能力达到每年 1.95 亿吨。

(2) 瓦日线实施扩能改造,随着万吨重载列车的开行力度加大,预计 2021 年瓦日线运力达到 1.8 亿吨。

(3) 浩吉铁路设计输送能力为 2 亿吨,周边资源丰富。长期来看,浩吉铁路将显著提升铁路运输占比,但受线路新投运影响,相关配套设施还不完善,以及集疏运系统建设滞后,实际运量仍处于偏低水平。

（三）主要铁路煤炭运输量预测

根据中国国家铁路集团有限公司（简称国铁集团）运输计划，2021年，国铁集团将统筹优化铁路运输布局，促进山西、陕西、内蒙古、新疆等主产区煤炭外运合理分工，避免无序竞争、交叉运输等情况；充分释放国家铁路路网能力，优化调整，缩短运输距离，提高运输时效，进一步降低企业运输成本，力争实现煤炭增运1亿吨以上。

(1) 实现西煤东运条件下水煤稳中有增，2020年大秦线运量预计为4亿吨，2021年力保运量不减；2020年唐包线完成了8 000万吨煤炭运输，同比增长了4%，2021年将增运1 000万吨以上。

(2) 用好浩吉线、瓦日线运输能力，大力组织直达煤增量，瓦日线增运8 000万吨以上、浩吉线增运2 500万吨，陕煤外运增运3 000万吨以上。

2020年全国铁路煤炭发运量累计完成23.6亿吨，同比下降了4.1%。2021年，宏观经济总体向好，煤炭生产和消费量将稳中有增。煤炭生产向主产区集中，煤炭运输向铁路运输集中的趋势将更加明显。随着北煤南运直达需求，焦煤、焦炭等运输需求，以及陆路口岸需求的增加，预计2021年全国铁路煤炭运量增量在1.0亿～1.3亿吨，如图5-3所示。

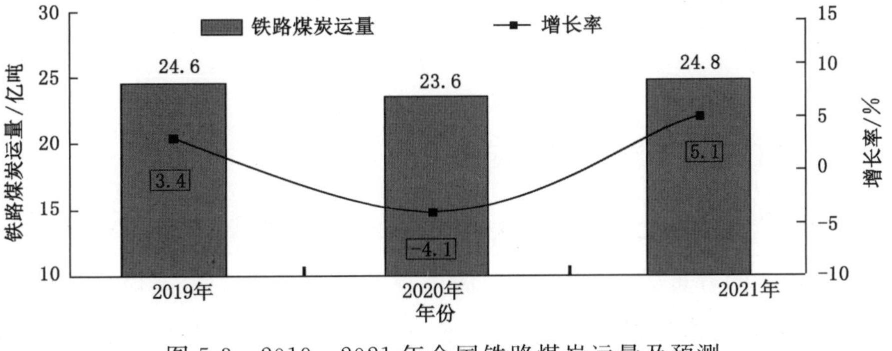

图5-3　2019—2021年全国铁路煤炭运量及预测

（数据来源：CCTD中国煤炭市场网、国铁集团等）

第二节　中国煤炭港口运输现状及规划情况

一、沿海港口煤炭运输总体情况

我国沿海煤炭港口分为装船港和卸船港。装船港主要集中在“北方七港”，即秦皇岛港、天津港、黄骅港、唐山港（包括京唐港和曹妃甸港）、青岛港、日照港、连云港港。从沿海电煤运输的来源地看,山西、陕西、内蒙古西部的煤炭是沿海运输的首要来源,“北方七港”与这些煤炭生产基地距离较近,且铁路运输便捷、地理位置优越,所以“北方七港”煤炭发运量占沿海煤炭发运总量的比重较大。

近年来,随着新建港口的投产、煤炭消费的增长以及在环保政策影响下“公转铁”“公转水”运输比重增加,全国主要港口煤炭发运量不断增加。2020 年,受新冠肺炎疫情影响,前期国内煤炭需求相对低迷,煤炭价格回落,影响了市场煤炭发运积极性,全国主要港口煤炭发运量小幅下降,2020 年完成运量 7.5 亿吨,同比下降了3.7%。2016—2020 年全国主要港口煤炭发运量及同比增长率统计如图 5-4所示。

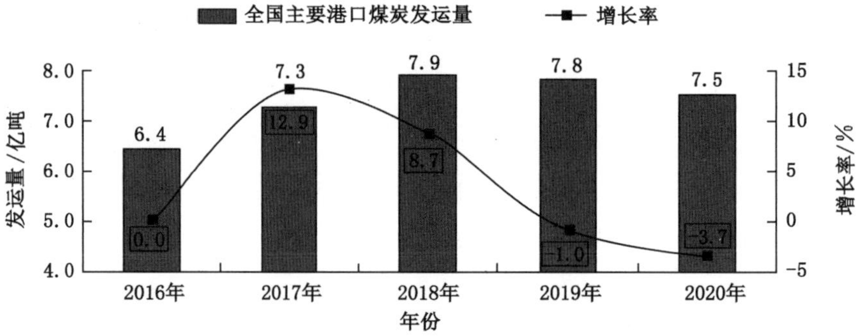

图 5-4 2016—2020 年全国主要港口煤炭发运量及同比增长率

(数据来源:CCTD 中国煤炭市场网)

二、中国沿海主要港口煤炭运输现状

“北方七港”是国家北煤南运的主要通道和枢纽。其中,北路与朔黄线、丰沙大线和大秦线相连的有黄骅港、天津港、唐山港和秦皇岛港 4 个港口;中路与胶济线相连的有青岛港;南路与陇海线、兖石线相连的有连云港港和日照港。受产地煤炭供应偏紧,新冠肺炎疫情使得下游需求偏弱影响,2020 年“北方七港”煤炭发运量同比下降了 4.0%,约为 7.2 亿吨。2016—2020 年“北方七港”煤炭发运量及同期增长率统计如图 5-5 所示。

(1) 秦皇岛港

秦皇岛港经营的煤炭绝大部分产自内蒙古、山西及陕西,这些煤炭通过大秦线运输至港口,装船后由北向南运往中国东南沿海地区。目前,秦皇岛港拥有堆存能力 1 027 万吨的专业化煤炭堆场,运营 50 个泊位,包括 44 个万吨级以上泊位,其中有 23 个煤炭泊位的煤炭卸车和装船平均额定速度为 6 000 吨/时,效率属行业一流

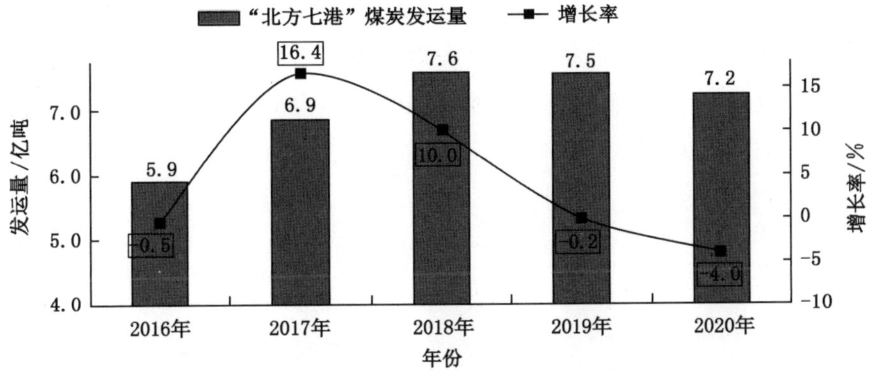

图 5-5　2016—2020 年"北方七港"煤炭发运量及同期增长率

（数据来源：CCTD 中国煤炭市场网）

水平，集疏运能力强，运输便捷、经济。受产地煤矿供应偏紧和大秦线事故频发的冲击影响，2020 年秦皇岛港煤炭吞吐量同比下降了 9.8%，为 17 415 万吨。2015—2020 年秦皇岛港煤炭吞吐量如图 5-6 所示。

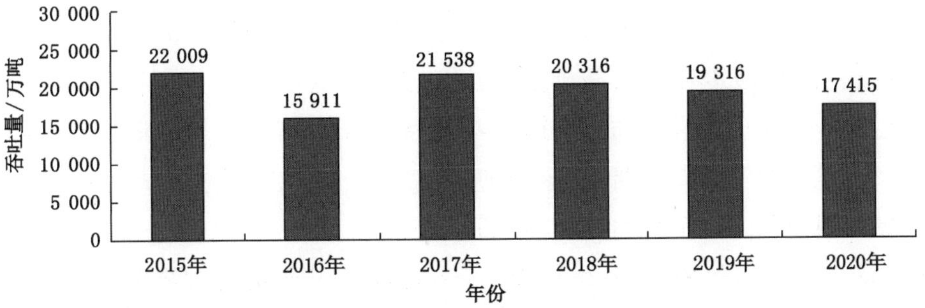

图 5-6　2015—2020 年秦皇岛港煤炭吞吐量

（数据来源：CCTD 中国煤炭市场网）

（2）天津港

天津港是综合性港口，港口功能齐全，拥有集装箱、矿石、煤炭、焦炭、原油及制品、钢材、大型设备、滚装汽车、液化天然气、散粮、国际邮轮等各类泊位总数 176 个，其中万吨级以上泊位 122 个。天津港中煤华能煤码头有限公司现有 4 个大型泊位，堆存能力达 176 万吨，年通过能力 4 300 万吨，主要通过汽运煤集港，其配套铁路线建设缓慢。神华天津南疆煤码头设计能力 4 500 万吨/年，拥有3 个泊位，设计堆存能力 144 万吨，与其配套的集港铁路为"朔黄线—黄万线"。从 2017 年开始，受汽运煤被叫停等因素影响，天津老港进港资源减少，煤炭吞吐量急剧下滑。

2020年,天津港到港货源和船舶运力继续呈下降态势,天津港煤炭吞吐量主要依靠神华煤码头来支撑,而神华煤码头运输能力有局限,导致煤炭吞吐量继续下降,2020年完成煤炭吞吐量5 780万吨,同比减少了3.7%。2015—2020年天津港煤炭吞吐量如图5-7所示。

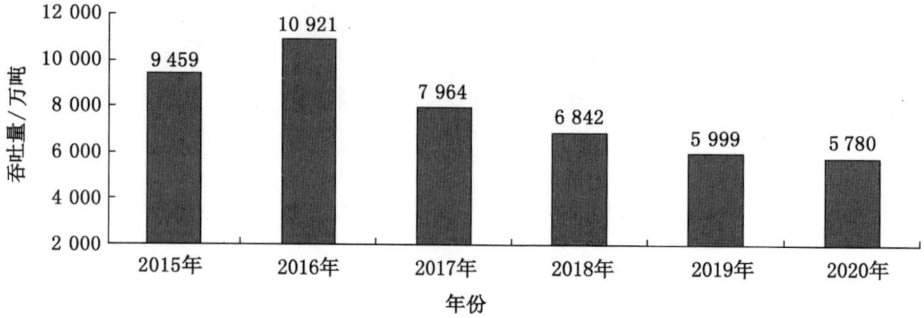

图5-7 2015—2020年天津港煤炭吞吐量

(数据来源:CCTD中国煤炭市场网)

(3) 黄骅港

黄骅港地处渤海湾中南部,毗邻京津,是我国主要煤炭输出港之一。黄骅港是在我国北煤南运大通道建设的基础上发展起来的。黄骅港作为国家能源集团矿、路、港、航、电一体化的重要组成部分,具有独特的煤炭集港优势,综合物流成本相对偏低。黄骅港煤一期、二期、三期和四期工程合计设计能力1.8亿吨/年,拥有17个煤炭专用泊位,堆场堆存能力380万吨。

黄骅港通过提高效率,提升生产能力,实施设备工艺优化和提能提效改造,以少量投资使一、二期工程的老化设备得以继续运行,且接卸效率提升了20%,全港煤炭吞吐能力由设计的1.78亿吨/年提升至2.2亿吨/年。在2020年上半年全国煤炭港口业绩持续低迷的情况下,黄骅港逆势增长,港口发运量持续增加。2020年黄骅港煤炭吞吐量同比增长了2.1%,达到20 384万吨。2015—2020年黄骅港煤炭吞吐量统计如图5-8所示。

(4) 日照港

日照港是我国重点发展的沿海主要港口,现拥有石臼、岚山两大港区,72个生产性泊位,年通过能力超过4亿吨。日照港拥有中国泊位水深最深、泊位能力最大的15万吨级煤炭专用泊位2个和5万吨级煤炭专用泊位1个,通过能力超过4 500万吨。利用通用泊位开展煤炭进口业务,煤炭进口量居全国沿海港口前列。随着港区铁路改建和石臼港区南区的开发建设,日照港将实现万吨大列直入港区,

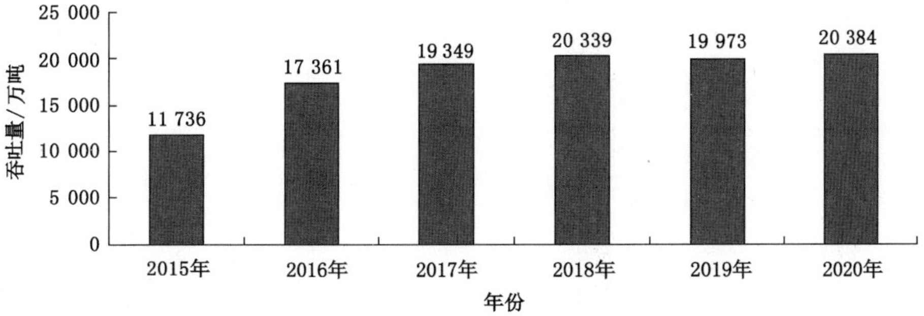

图 5-8 2015—2020 年黄骅港煤炭吞吐量

(数据来源:CCTD 中国煤炭市场网)

煤炭通过能力达到 1 亿吨以上。连接港口的坪岚铁路向西经新乡、侯马、西安直达新疆的阿拉山口,形成平行陇海,与京沪、京九、京广、焦枝、同蒲铁路相交的纵横交错的铁路网络,把日照港与华东、中原、西北广大地区连接在一起。

历经两年建设,2019 年 10 月日照港东煤南移工程投产运营,为瓦日铁路扩能上量和山西焦煤日照千万吨配煤基地建设提供了有力支撑。2020 年,日照港完成煤炭发运量 2 539 万吨,同比增加了 19.2%。2020 年年底东区翻车机搬迁和专业化堆场扩建等二期工程全部建成,日照港年煤炭运输能力达到 5 000 万吨。

(5) 唐山港

唐山港位于渤海西岸中部、渤海湾口北侧,包括京唐港区和曹妃甸港区。

① 京唐港区东北距秦皇岛港 126 千米,西北距唐山市区 84 千米,西距天津港 152 千米。目前形成港口煤炭码头设计运输能力 1.25 亿吨/年。其中,京唐老港煤炭运输能力 2 500 万吨/年,36#～40# 码头煤炭运输能力 5 600 万吨/年,国投京唐港煤炭运输能力 4 400 万吨/年。京唐港现有煤炭泊位 11 个,煤炭堆存能力达到 535万吨。2020 年,京唐港完成煤炭发运量 11 105 万吨,同比减少了10.3%。

② 曹妃甸港区位于京唐港区西南约 61 千米处,北距唐山市区 70 千米。曹妃甸港是我国第三大运煤通道蒙冀线的配套下水港口,与产煤区山西、陕西、内蒙古等地连接,通过海运将这些地区的煤炭发运至华东、华南等地或出口。曹妃甸港煤炭码头设计能力 2.5 亿吨/年,其中,国投曹妃甸港煤炭运输能力 1 亿吨/年,曹妃甸港(煤二期)煤炭运输能力 5 000 万吨/年,华能曹妃甸港(煤四期)运输能力 5 000 万吨/年,华电曹妃甸港(煤三期)煤炭运输能力5 000 万吨/年。目前港区总堆存能力接近 2 000 万吨。2020 年,曹妃甸港完成煤炭发运量 12 842 万吨,同比减少了 3%。曹妃甸港区各煤码头基本情况如表 5-3 所列。

表 5-3 曹妃甸港区各煤码头基本情况

<table>
<tr><th>港区</th><th>码头名称</th><th>运营状态</th><th>所属公司</th><th>煤炭泊位/个</th><th>堆存能力/万吨</th><th>装船能力/万吨</th><th>投运时间</th></tr>
<tr><td rowspan="5">曹妃甸港区</td><td>煤一期起步</td><td>运营中</td><td rowspan="2">国投曹妃甸</td><td rowspan="2">11</td><td rowspan="2">832</td><td rowspan="2">10 000</td><td rowspan="2">2012 年</td></tr>
<tr><td>煤一期续建</td><td>运营中</td></tr>
<tr><td>煤二期</td><td>运营中</td><td>秦港股份</td><td>5</td><td>373.5</td><td>5 000</td><td>2015 年</td></tr>
<tr><td>煤三期</td><td>运营中</td><td>华电集团</td><td>5</td><td>378</td><td>5 000</td><td>2019 年</td></tr>
<tr><td>煤四期</td><td>运营中</td><td>华能集团</td><td>5</td><td>353</td><td>5 000</td><td>2017 年</td></tr>
<tr><td colspan="4">合计</td><td>26</td><td>1 936.5</td><td>25 000</td><td>—</td></tr>
</table>

数据来源:曹妃甸港区各煤码头、CCTD 中国煤炭市场网。

国投曹妃甸港是曹妃甸港区规模最大、运营时间最长、基础设施最完备的专业煤炭中转港,随着蒙冀铁路发运量的增加,国投曹妃甸港 1 亿吨/年产能将得到进一步释放。

(6) 青岛港

青岛港始建于 1892 年,由青岛老港区、黄岛油港区、前湾新港区和董家口港区等四大港区组成,是世界最大的综合性港口之一,占据东北亚港口圈的中心位置,是西太平洋重要的国际贸易枢纽。该港主要提供集装箱、金属矿石、煤炭、原油等各类货物的装卸和配套服务、物流及港口增值服务、港口配套服务、金融服务等。青岛港运营有 84 个泊位,包括 54 个处理单一类型货物的专用泊位,30 个可处理金属矿石、煤炭及其他一般货物的通用泊位。2020 年,青岛港完成煤炭发运量 1 360 万吨,同比下降了 13.6%。

(7) 连云港港

连云港港是横贯我国东西的铁路大动脉——陇海、兰新铁路的东部终点港,是我国中西部地区最便捷、最经济的出海口之一。该港拥有生产性泊位 37 个,其中万吨级以上泊位 30 个,包括煤炭、集装箱、木材、粮食、危险品等专业码头。目前有老港区、庙岭港区、墟沟港区三大港区,已经成为一个初具规模、大中小泊位配套、散杂货和集装箱并举、运输功能齐全、内外贸兼顾、以外贸运输为主的综合性国际贸易运输枢纽港。连云港港现有煤炭泊位 3 个,煤炭堆存能力达到 200 万吨,煤炭通过能力达到 1 100 万吨。2020 年 1—11 月,连云港港完成煤炭发运量959 万吨,同比增加了 15.7%。

三、中国沿海煤炭运输规划

（一）全国沿海港口布局划分

全国沿海港口划分为环渤海、长三角、东南沿海、珠三角和西南沿海5个港口群体，形成煤炭、石油、铁矿石、集装箱、粮食、商品汽车、陆岛滚装和旅客运输等8个运输系统。全国沿海港口布局划分和建设重点如表5-4所列。

表5-4　全国沿海港口布局划分和建设重点

区域	主要港口	建设重点
环渤海地区	大连港、秦皇岛港、唐山港、天津港、青岛港、日照港、黄骅港	集装箱、进口铁矿石、进口原油和煤炭装船中转运输系统
长江三角洲地区	上海港、宁波港、连云港港	集装箱、进口铁矿石、进口原油中转运输系统和煤炭卸船运输系统
东南沿海地区	福州港、厦门港	煤炭卸船运输系统，进口石油、天然气接卸储运系统，集装箱、陆岛滚装和旅客运输系统
珠江三角洲地区	广州港、深圳港、珠海港、汕头港	集装箱、进口原油中转运输系统和煤炭卸船运输系统
西南沿海地区	湛江港、防城港、海口港	集装箱运输系统，进口石油、天然气中转储运系统，进出口矿石中转运输系统，粮食中转储运系统，旅客中转及油轮运输系统

我国沿海港口主要货类的运输系统包括：① 北方沿海秦皇岛港、唐山港（含曹妃甸港）、天津港、黄骅港、青岛港、日照港、连云港港等7大装船港；② 华东、华南等沿海地区电力企业的专用卸船码头和公用卸船设施组成的煤炭运输系统；③ 依托石化企业布点，专业化的、以20万～30万吨级为主导的石油卸船码头和中小型油气中转码头相匹配的石油运输系统；④ 以大连、天津、青岛、上海、宁波、苏州、厦门、深圳、广州等9大干线港为主，相应发展沿海支线和喂给港的集装箱运输系统等。

（二）沿海煤炭港口分为装船港和卸船港

装船港主要集中在“北方七港”。“北方七港”与“三西”地区煤炭生产基地距离较近，且铁路运输便捷、地理位置优越，所以“北方七港”煤炭发运量占沿海煤炭发运总量的比重较大。其他沿海装船港口主要包括营口港、锦州港、烟台港、防城港等。

卸船港是江苏、上海、浙江、福建、广东等沿海地区以电厂等大型用煤企业自建的专用码头和公用码头组成的煤炭接卸港，主要卸船港包括上海港、宁波港、广州港等。南方港口在进口煤方面具有区位优势。

(三) 秦皇岛港运煤功能被保留

备受关注的秦皇岛港去留问题终于落下帷幕，拥有2亿吨/年煤炭运能的秦皇岛港将继续保留煤炭运输功能，尤其是秦皇岛港六、七、九三大主力煤炭公司将长期存在。尽管煤炭在我国能源结构中的占比已降至60%以下，但煤炭需求量还在逐年增加。在黄骅港和天津港、京唐港无后续煤码头建设的情况下，大秦线和秦皇岛港煤码头构成的“第一运煤大通道”重要作用非常突出。

(四) 未来几年沿海煤运格局无大变化

神华天津港南疆煤码头二期工程早在2012年就获得了国家发改委批复核准，但尚未开工建设；黄骅港煤五期工程正在进行可行性研究，尚未开工；筹划中的曹妃甸港煤六期、七期工程正在等待审批，包括相关部门要进行论证、审核，而即使该项目能够顺利获批，从煤码头选址、水工建设、招标购买设备，到安装、竣工、投产，整个过程需要4～5年，而投产后最快也需要3年才能达到设计能力，从现在开始计算，最快也需要8年才能够达产。因此，可以断定2025年之前，我国沿海煤炭运输格局不会出现大的变化。

四、我国沿海港口煤炭运输能力预测

(一) 环渤海港口富余运能不多

2020年，随着国内新冠肺炎疫情在短期内得到了控制，宏观经济复苏态势持续向好，工业经济持续稳定恢复。一季度，受疫情影响，部分工业企业阶段性停工停产，下游用煤需求偏低。进入5月后，房地产、基建投资增速平稳回升，下游用煤需求随之回升，同时进口煤管控收紧，2020年环渤海港口发运煤炭7.2亿吨。目前环渤海港口设计发运能力为8.5亿吨左右，与7.2亿吨的发运量相比，港口运输显现宽松状态，但富余的运能并不多。

首先，随着经济企稳回升，南方地区煤炭需求会继续保持增长态势；其次，2020年我国煤炭进口增加至30 399万吨，增量不足500万吨，沿海地区煤炭需求仍以北方港下水煤为主，环渤海港口运输能力将得到发挥；最后，蒙古国2 000万吨煤炭将从曹妃甸港过境下水，占用部分曹妃甸港的运能。

（二）曹妃甸港将承担新增运力

目前，神朔黄—黄骅港（天津港南疆码头）通道，以及大秦线—秦皇岛港（京唐港）通道已经实现满负荷运转，同时在黄骅港和天津港、京唐港无后续煤码头建设的情况下，环渤海港口富余的运能全部都在蒙冀线—曹妃甸港。截至目前，曹妃甸港富余煤炭运能约1亿吨/年，主要用来解决蒙冀线的逐年增量和蒙古国煤炭过境下水的问题。

目前一些新建的煤炭泊位码头基本投入运行，山西焦煤销售日照港千万吨配煤基地于2019年10月开工，历时16个月完成施工建设，并于2021年4月底进行试生产。整体上2021年我国主要港口煤炭运能变化不大，运能在14.7亿吨左右，如表5-5所列。

表5-5 我国主要港口煤炭发运能力 单位：万吨

港口名称	2017年	2018年	2019年	2020年	2021年（预测）
秦皇岛港	24 000	24 000	24 000	24 000	24 000
天津港	8 500	8 500	8 800	8 800	8 800
黄骅港	18 440	18 440	18 440	20 000	20 000
青岛港	1 500	1 500	1 500	1 500	1 500
日照港	4 500	4 500	4 500	4 500	5 000
连云港港	1 550	1 550	1 550	1 550	1 550
唐山港	31 150	31 150	36 150	37 500	37 500
京唐港	11 150	11 150	12 500	12 500	12 500
曹妃甸港	20 000	20 000	25 000	25 000	25 000
营口港	1 600	1 600	1 600	1 600	1 600
锦州港	1 900	1 900	1 900	1 900	1 900
防城港	750	750	750	750	750
宜昌港	900	900	900	900	900
武汉港	500	500	500	500	500
芜湖港	1 580	1 580	1 580	1 580	1 580
南京港	1 200	1 200	1 200	1 200	1 200
徐州港	2 000	2 000	3 000	3 000	3 000
合计	131 220	131 220	143 870	146 780	147 280

五、中国沿海港口煤炭运量预测

近年来,我国环保政策趋严,大宗货物运输“公转铁、公转水”占比不断提高。《推进运输结构调整三年行动计划(2018—2020 年)》要求以京津冀及周边地区、长三角地区等区域为主战场,以推进大宗货物运输“公转铁、公转水”为主攻方向,全国水路货运量到 2020 年较 2017 年将增加 5 亿吨、增长 7.5%,重点港口集装箱铁水联运量年均增长 10%以上。此外,需要进一步加强煤炭集港运输管理。目前,环渤海地区、长三角地区沿海的主要港口和唐山港、黄骅港的煤炭集港已改为铁路或水路运输。

煤炭在我国的能源供给结构中仍将占据主导地位,保障能源供应是其长期的战略任务。煤炭生产向主产区集中,煤炭运输向铁路运输集中的趋势将更加明显,铁路发运港口煤量将继续增加。特别是 2020 年以来,随着我国新冠肺炎疫情率先得到控制,海外订单回流至国内,沿海地区用煤用电量需求明显增加,将带动港口煤炭发运量大幅增加,如图 5-9 所示。

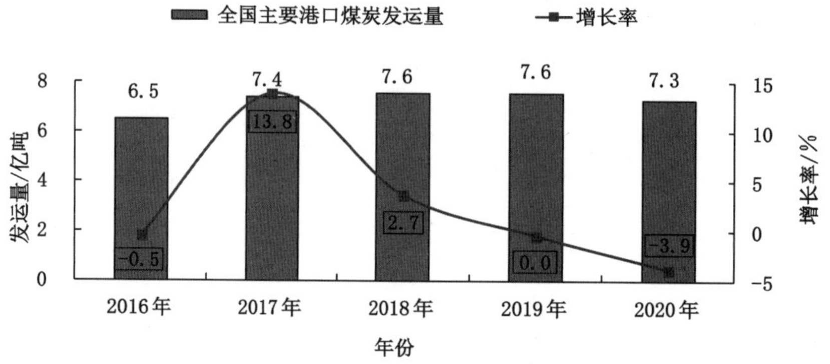

图 5-9　2016—2020 年全国主要港口煤炭发运量

(数据来源:CCTD 中国煤炭市场网)

从结构来看,未来下水港口市场发展将有一些变化:① 依托大秦、朔黄等大能力运煤专用通道,煤炭下水主要集中在环渤海港口。② 港口发运向黄骅港集中的趋势将继续强化。③ 随着蒙冀线运量的增加,唐山港尤其是曹妃甸港的发运量增长空间会较大。

第三节　中国煤炭运输费用分析及趋势预测

一、中国铁路煤炭运输费用现状分析及趋势预测

（一）铁路煤炭运费现状分析

在“公转铁”相关政策和国家减税降费决策部署的影响下，国家和铁路部门通过降低企业运输的物流成本等措施，全面促进煤炭运输“公转铁”，提升铁路煤炭运量。2020年主要从以下方面降低煤炭铁路物流成本。

1. 助力企业复工复产，阶段性降低部分铁路货运杂费

为统筹新冠肺炎疫情防控和经济社会发展的决策部署，助力企业复工复产，国铁集团对部分货运杂费实施阶段性减半收费政策。① 运杂费迟交金。从应收该项运杂费之日起至付款日止，每延迟一日，按运杂费（包括垫付款）迟交总额的1.5%计费。② 货物保价费。货物保价基本费率下调50%，实际执行不得高于此基本费率。③ 声明价格费。按运单记载的声明价格的1.5%计费。④ 集装箱延期使用费。使用铁路集装箱超过规定期限时，对20英尺箱（1英尺＝30.48厘米，下同），前5日内按5元/（箱·日）计费，自第6日起按30元/（箱·日）计费。对40英尺箱，按20英尺箱的两倍计费。

2. 铁路货运增量形势严峻，国铁集团下调部分线路煤运价

为落实《2018—2020年货运增量行动方案》，促进“公转铁”运输结构调整，2019年4月，中国铁路总公司下发了《中国铁路总公司关于优化部分地区货运价格策略的通知》，部分路局和线路下调矿石和煤炭运价，各路局可自主确定的最高下调幅度达30%，具体运价由上述线路的发货路局自主确定。2020年3月，国铁集团决定，自2020年3月6日起，至2020年6月30日，对部分铁路货运杂费实施阶段性减半核收政策，进一步降低企业物流成本，促进经济社会发展。

3. 晋陕地区路局相继下调铁路运费

2020年年初，受新冠肺炎疫情影响，下游对煤炭需求增速放缓，港口煤价走低，产地发运港口长期倒挂导致贸易商发运积极性降低；另外，在铁路运力总体宽松下，铁路运输市场份额竞争加剧，部分路局为争取市场份额，增加铁路发运量，相继下调了铁路运费。

（1）西安铁路局

为了适应市场变化，促进货运增加，西安铁路局经决定自2020年4月4日起

曹家伙场站到站梁山北、日照南，敞车运费下浮 20%；到站渭南、商洛，35 吨敞顶运费下降 25%；到站年家岗、邵通、戎庄、南川，35 吨敞顶箱装半焦运费下浮 26%。

(2) 太原铁路局

自 2020 年 3 月 27 日起为巴准线用户实施降费，降费标准为到站取送车费降 0.6 元/吨，货车延期占用费降 2.4 元/吨，同时地方铁路降杂费 2 元/吨，合计降5 元/吨。

(二) 铁路煤炭运费走势预测

(1) 受"公转铁"等政策影响，"三西"地区铁路煤炭运量将继续增加。一方面，东部沿海、华中地区落后煤炭产能关闭退出，而煤炭释放的先进产能进一步向"三西"地区继续集中，带来了铁路运输需求也随之向"三西"地区的太原、呼和浩特、西安铁路局集中。同时，在"公转铁"、环保等政策施压下以及随着铁路专用线的建设运行，铁路煤炭运量占比继续提高。

然而，短期内汽运仍占据着重要地位。一是公路运输的优势是铁路运输难以替代的，特别是短倒运输。二是在局部运力紧张铁路线路需要汽运来保障运力供应。三是当前铁路基础建设尚不完善，局部仍存在运力紧张问题，公路运输将不可避免成为部分区域的主要运输方式。

(2) 2021 年铁路运力整体仍处于宽松格局。2021 年，煤炭生产向主产区集中，煤炭运输向铁路运输集中的趋势更加明显。为了保障调整后运输结构及散改集的运输方式，国铁集团加快浩吉线、瓦日线等集输运配套项目建设和持续加大大功率汽车和重载货车的投入，投入 5 万辆货车、400 余台货运机车及 20 余吨敞顶厢。随着瓦日线、蒙冀线、浩吉线等以及相关铁路线路运能提升，以及神华铁路、港口设备和设施对外开放，发煤企业运输通道的可选性增强。但受新冠肺炎疫情影响，2020 年运输结构调整工作面临错综复杂的形势，工作进展不及预期，《推进运输结构调整三年行动计划(2018—2020 年)》提出的"到 2020 年，全国大宗货物年货运量 150 万吨以上的大型工矿企业和新建物流园区，铁路专用线接入比例达到 80%以上"目标实现仍有较大差距。

2021 年我国煤炭供需呈紧平衡态势运行。宏观经济保持较强劲的复苏态势，带动煤炭消费继续增长，迎来供给侧结构性改革之后新一轮上行周期。同时，在多地大型煤企整合重组、产地清理整顿持续、进口煤限制等因素的影响下，煤炭市场供应格局也将发生较大变化，企业集中度和区域集中度进一步提高。综合来看，未来铁路煤炭运输需求增长强劲，整体仍处于宽松格局；同时，运输区域结构上进一步向中部和西部地区集中。

(3) 阶段性下浮优惠政策到期，铁路货运价格或将平稳运行。2020 年在国家统筹疫情防控和减税降费政策影响下，国铁集团通过降低铁路运费、降低物流成本来支持铁路运输的发展。一方面，下调货运价格可提高铁路货运的积极性；另一方面，国铁集团针对煤炭市场"公转铁"运输需求，精准运用价格政策，为企业量身定制"一口价"运输方案，预计未来瓦日线、浩吉线采用该运输方案的可能性比较大。2021 年铁路煤炭运力整体趋向平衡，根据煤炭、粮食等重点物资运输需要，在京哈、津山、沈山等主要货运通道增开货物列车 114 列；同时，随着 2021 年阶段性下浮优惠政策到期，铁路货运价格或将平稳运行。中国煤炭铁路基价调整情况及预测如表 5-6 所列。2021 年中国煤炭铁路运价预测如表 5-7 所列。

表 5-6　中国煤炭铁路基价调整情况及预测

时间	建设基金 /[元/(吨·千米)]	基价 1 /(元/吨)	基价 2 /[元/(吨·千米)]
2011 年	0.033	10.8	0.055 3
2012 年	0.033	12.2	0.062 9
2013 年	0.033	13.8	0.075 3
2014 年	0.033	15.5	0.089
2015 年	0.033	16.3	0.098
2016 年	0.033	16.3	0.092
2017 年	0.033	16.3	0.098
2018 年	0.033	16.3	0.098
2019 年	0.033	16.3	0.098
2020 年	0.033	16.2	0.095
2021 年	0.033	16.2	0.094

注：(1) 货物单位质量的运费计算办法为：整车货物每吨运价＝基价 1＋基价 2×运价千米；基价 1 指车辆始发和终到作业费，基价 2 指车辆运行途中运行作业费。

(2) 2016 年 2 月基价 2 下浮 0.01 元/吨，10 月恢复优惠；2017 年部分铁路局运价上浮 10%，但没有大幅调整。

(3) 大秦线、京原线、丰沙大线：本线(发、到站均在本线上)煤炭货运执行特殊运价和铁路建设基金，不收取基价 1，特殊运价为 0.100 1 元/(吨·千米)，铁路建设基金为 0.033 元/(吨·千米)，跨线运输执行国家统一运价。

数据来源：国家铁路局等。

表 5-7 2021 年中国煤炭铁路运价预测

时间	煤炭铁路运价/[元/(吨·千米)]
2016 年	0.17
2017 年	0.16～0.17
2018 年	0.17
2019 年	0.155
2020 年	0.14
2021 年	0.14

数据来源:CCTD 中国煤炭市场网。

二、中国沿海港口煤炭运费现状分析及趋势预测

从影响沿海煤炭运输价格变动的因素来看,运输成本是制定运价的基础,在很大程度上影响着运力的供给。沿海货运价格包括水上运输和港口收费两部分。

(一) 沿海港口煤炭运费现状

1. 2020 年海运费同比降幅明显

《2020 年政府工作报告》中提到,要加大减税降费力度,免征公共交通运输、减免港口建设费。2020 年 3 月 6 日,交通运输部、国家发改委联合印发《关于阶段性降低港口收费标准等事项的通知》,自 2020 年 3 月 1 日至 6 月 30 日,将政府定价的货物港务费和港口设施保安费收费标准均再降 20%;后期再次将阶段性降低港口收费政策延续到 2020 年 12 月 31 日,并取消非油轮货船强制应急响应服务及收费。其中将货物港务费、港口设施保安费、引航(移泊)费、国内航线船舶拖轮费的收费标准分别降低 15%、20%、10%、5%。

以秦皇岛至广州(5 万～6 万吨载重)海运费(图 5-10)为例,在 2020 年春节假期和新冠肺炎疫情的双重影响下,下游企业复工节奏缓慢,需求增长不如预期,沿海散货市场货盘较少,需求惨淡,运力过剩,矛盾突出,运输价格持续探底。2020 年 4 月,国内新冠肺炎疫情已基本得到了有效控制,全国复工复产展开,行业开工率得到了明显提升,沿海散货运输需求向好,市场租船热情较高,运力供不应求,运价总体保持震荡上行走势。2020 年 12 月,国际干散货运价回暖,吸引部分内外兼营运力外放,以及东北地区取暖需求和进口煤通关等因素影响,船舶积压严重,市场可用运力明显减少,沿海煤炭运价大幅跳涨。截至 2020 年年底,秦皇岛至

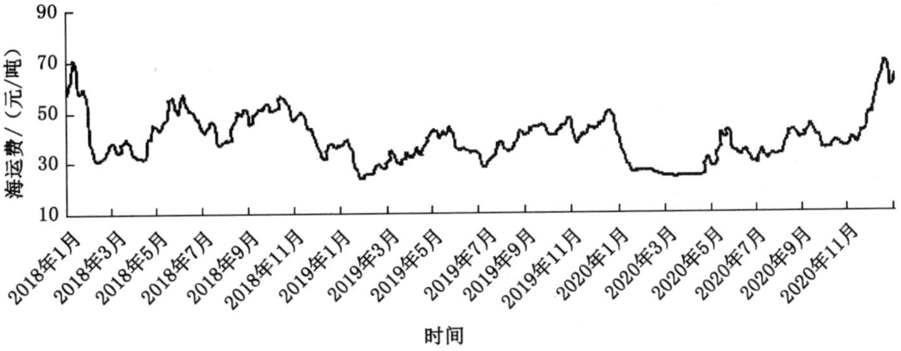

图 5-10　2018—2020 年秦皇岛至广州(5 万～6 万吨载重)海运费曲线示意图

(数据来源:CCTD 中国煤炭市场网)

广州(5 万～6 万吨载重)海运费最高价为 68.9 元/吨,较年初上涨了 45.2 元/吨。与 2019 年运输费用相比,波动幅度更加剧烈,但平均价格仍低于 2019 年。2019 年秦皇岛至广州(5 万～6 万吨载重)海运费的平均价格在 37 元/吨左右,而 2020 年秦皇岛至广州(5 万～6 万吨载重)海运费的平均价格在 35.3 元/吨左右,较 2019 年下降了约1.7 元/吨。

2. 部分港口作业费下调

沿海港口现行费用汇总如表 5-8 所列。

表 5-8　沿海港口现行费用汇总

项目		包干费	堆存费
秦皇岛港		23.425 元/吨	1～30 天,免收;30 天以上,0.2 元/(吨・天)
曹妃甸港	煤二期	16.5 元/吨	2018 年 9 月 5 日起年度中转低于 100 万吨,1～20 天,免收;21～30 天,0.3 元/(吨・天);30 天以上,0.5 元/(吨・天)
	国投	16.5 元/吨	2018 年 7 月 15 日起年度中转低于 100 万吨,1～10 天,免费;11～20 天,0.2 元/(吨・天);21 天以上,0.4 元/(吨・天);新进港煤 1～20 天,免收
	华能	16.5 元/吨	2018 年 8 月 24 日起年度中转低于 80 万吨,1～15 天,免收;16～25 天,0 元/(吨・天);26～35 天,0.2 元/(吨・天);36 天以上,0.4 元/(吨・天)
黄骅港	各期	21.75 元/吨(未下调 15%港务费前)	免收

表 5-8(续)

项目		包干费		堆存费
京唐港	老港	<50 万吨 22.425 元/吨	>50 万吨 20.425 元/吨	2018 年 10 月 1 日起年度中转低于 50 万吨,1～20 天,免收;21～30 天,0.2 元/(吨・天);30 天以上,0.4 元/(吨・天)
	36# 至 40# 码头	<100 万吨 21.425 元/吨	>100 万吨 19.425 元/吨	2018 年 10 月 1 日起年度中转低于 100 万吨,1～10 天,免收;11～20 天,0 元/(吨・天);21～30 天,0.2 元/(吨・天);31 天以上,0.4 元/(吨・天)
	国投	21.5 元/吨(未下调 15%港务费前)		2018 年 9 月 20 日起年度中转低于 100 万吨,1～10 天,免收;11～20 天,0 元/(吨・天);21～30 天,0.2 元/(吨・天);30 天以上,0.4 元/(吨・天)
天津港	神华南疆码头	20.9 元/吨(未下调 15%港务费前)		免收
	老港	23.4 元/吨(未下调 15%港务费前)		1～10 天,免收;11～20 天,0.2 元/(吨・天);21～30 天,0.4 元/(吨・天);30 天以上,0.80 元/(吨・天)

为深入贯彻党中央、国务院决策部署,统筹做好新冠肺炎疫情防控和经济社会发展工作,根据交通运输部、国家发改委联合印发的《关于阶段性降低港口收费标准等事项的通知》相关规定,全国上下积极响应阶段性降低港口货物港务费收费标准的号召,部分港口优惠政策如表 5-9 所列。

表 5-9　2020 年部分港口疫情期间费用优惠

港口	调整汇总
招商港口	普通重箱自 2020 年 2 月 10 日至 4 月 30 日期间所产生的库场使用费给予 50%的优惠
宁波舟山港	免堆期延长至 20 天,免收港口作业包干费(转栈作业)部分
广州港	进一步延长集装箱普通货物免费堆存期。对 2020 年 2 月 27 日至 3 月 31 日期间集港的普通标准重箱,已有的免堆期基础上额外给予 10 天免堆期

表 5-9(续)

港口	调整汇总
天津港	自 2020 年 2 月 26 日至 3 月 6 日 24 时,免除内、外贸集装箱(空箱、重箱)的堆存费
辽宁港口	在 2020 年 2 月 10 日至 4 月 30 日期间所产生的库场使用费额外给予 50%的优惠
山东港口	免除自 2020 年 1 月 24 日至 2 月 29 日期间在码头堆场产生的进口重箱(包括内、外贸)库场使用费
黄骅港	2020 年 3 月 1 日至 6 月 30 日,在《交通运输部　国家发展改革委关于修订印发〈港口收费办法〉的通知》(交水规〔2019〕2 号)规定的费率基础上再降低 20%
天津港	2020 年 2 月 26 日至 3 月 6 日 24 时期间,免除内、外贸集装箱(空箱、重箱)在所属集装箱作业码头产生的堆存费

(二) 沿海港口煤炭运费预测

1. 市场交投活跃支撑沿海运费将偏强运行

2021 年是“十四五”开局之年,预期社会用电增速稳步向好,电厂负荷较高,补库需求持续释放,沿海煤炭运输需求将继续增加。一方面,受供给侧结构性改革影响,华南、华中地区小型落后煤矿的退出将推升湖南、湖北等地对下水煤的需求,而受浩吉铁路运量增长有限影响,“海进江”需求将呈持续上升态势;另一方面,2021 年煤炭供需或将延续偏紧格局,进口煤量和全社会库存偏低,使得南方地区对北向拉运需求将有所增加。

2. 港口收费降价空间有限

2020 年,我国在政策端要求进一步降低物流成本、提升物流效率。交通运输部、国家发改委印发《关于延续阶段性降低港口收费标准有关事项的通知》,将阶段性降低港口收费政策延续至 2020 年 12 月 31 日,延续将实行政府定价的货物港务费和港口设施保安费收费标准均降低 20%的政策;同时,鼓励各地结合本地实际,在疫情防控期间加大港口收费优惠力度。预计 2021 年,该降本增效举措将更加严格,但由于阶段性降低港口收费政策到期和运营成本较高等原因,未来价格降幅相对有限。

港口堆存费用方面,随着曹妃甸港口三期、四期煤运码头投产运行,当前北方港口运能相对宽松,北方港口竞争将更为激烈,为加快港口周转效率,部分港口开始收取堆存费用,后期或有上调堆存费的可能。因此,2021 年对于港口周转效率高的客户,港口收费将呈下降走势,而周转效率高的堆存费用会呈持平走势。

综上分析,预计 2021 年我国沿海港口煤炭运价将呈震荡偏强走势。2017—2021 年我国沿海港口煤炭运价情况如表 5-10 所列。

表 5-10　2017—2021 年我国沿海港口煤炭运价情况

年份	船舶运价 /[元/(吨·千米)]	港口收费 /(元/吨)
2017 年	0.013～0.016	20～25
2018 年	0.014～0.017	20～25
2019 年	0.013～0.016	22～25
2020 年	0.012～0.015	20～23
2021 年	0.015～0.018	20～23

数据来源:CCTD 中国煤炭市场网。

第六章　中国煤炭进出口市场分析

第一节　中国煤炭进口情况

2020 年，中国煤炭全年进口 3.04 亿吨，连续五年上涨，同比增长 1.49%；2020 年累计煤炭进口金额 1 410.5 亿元，同比下降 12%。

一、2020 年中国煤炭分煤种进口情况分析

（一）无烟煤

CCTD 中国煤炭市场网监测数据显示：2020 年，我国累计完成无烟煤进口 776 万吨，同比增长 9%。2015—2020 年中国无烟煤进口量及同比增长情况如图 6-1所示。

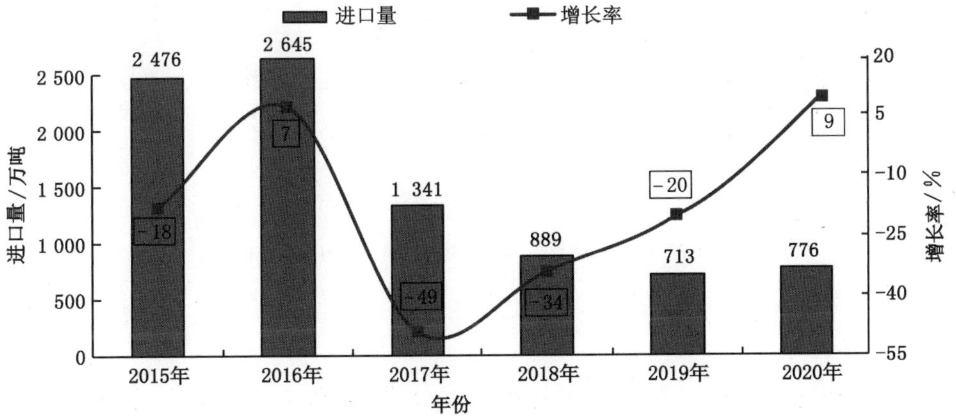

图 6-1　2015—2020 年中国无烟煤进口量及同比增长情况

（数据来源：中华人民共和国海关总署、CCTD 中国煤炭市场网）

(二) 炼焦煤

2020年,我国房产需求整体向好,房地产投资有所增加。根据国家统计局公布的数据:2020年,全国房地产开发投资141 443亿元,比2019年增长了7%;房屋新开工面积224 433万平方米,同比下降了1.2%;商品房销售面积176 086万平方米,比2019年增长了2.6%。2020年,我国固定资产投资和基础设施投资同比小幅增加。2020年,全国固定资产投资(不含农户)518 907亿元,比2019年增长了2.9%;基础设施投资(不含电力、热力、燃气及水生产和供应业)比2019年增长了0.9%。2020年,全国生铁累计产量为8.9亿吨,同比增长了4.3%;国内粗钢累计产量为10.6亿吨,同比增长了5.2%;国内钢材累计产量为13.2亿吨,同比增长了7.7%。由此看出,我国对炼焦煤的需求不减。然而,由于进口煤限制政策严格,对炼焦煤的进口也造成了一定影响,我国炼焦煤进口量同比小幅减少。2020年,我国累计完成炼焦煤进口7 227万吨,较2019年减少了3%。2015—2020年中国炼焦煤进口量及同比增长情况如图6-2所示。

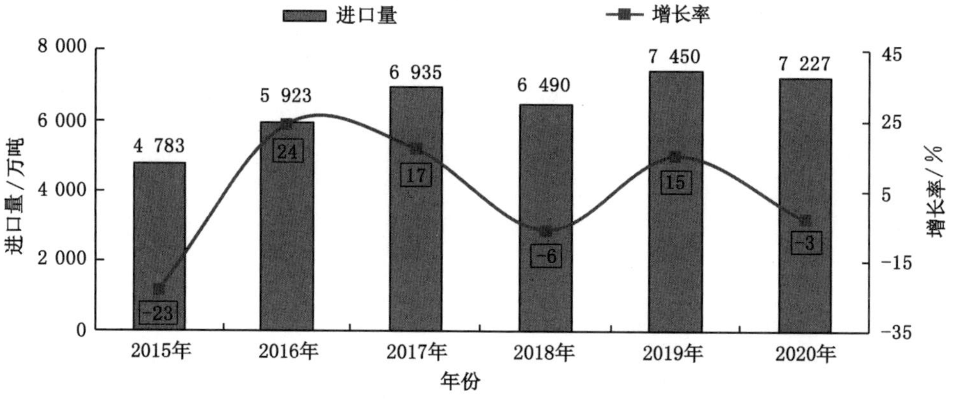

图6-2 2015—2020年中国炼焦煤进口量及同比增长情况

(数据来源:中华人民共和国海关总署、CCTD中国煤炭市场网)

(三) 其他烟煤

根据中华人民共和国海关总署的煤种划分,烟煤和次烟煤被划分为其他烟煤[①]

① 所含挥发物(以干燥、无矿物质计)超过14%,并且热值(以潮湿、无矿物质计)等于或大于5 833千卡/千克GAD(空气干燥基下的高位热值)的煤,等于或大于5 200千卡/千克NAR(收到基下的低位热值)的煤。

和其他煤[①]，除褐煤[②]外的动力煤。其他烟煤是最大的进口煤种，约占煤炭进口总量的 25%。

2020 年上半年我国社会用电需求受疫情影响有所走弱，但随着工业生产活动恢复正常，2020 年我国社会用电量同比仍有小幅增加。根据国家能源局公布的数据，2020 年全社会用电量 75 110 亿千瓦时，同比增长了 3.1%。另据国家统计局公布的数据，2020 年全国绝对发电量 74 170.4 亿千瓦时，同比增长了 2.7%。其中，火力绝对发电量 52 798.7 亿千瓦时，同比增长了 1.2%；水力绝对发电量 12 140.3 亿千瓦时，同比增长了 5.3%；核能发电量 3 662.5 亿千瓦时，同比增长了 5%；风力绝对发电量 4 146 亿千瓦时，同比增长了 10.5%；太阳能绝对发电量 1 421 亿千瓦时，同比增长了 8.5%。

由于 2020 年国内煤炭供应情况不及预期，为满足需求，终端用户增加了进口其他烟煤作为补充，我国进口其他烟煤数量同比有所增加。根据 CCTD 中国煤炭市场网监测的数据，2020 年我国累计完成其他烟煤进口 8 706 万吨，较 2019 年同期增加了 9%。2015—2020 年中国其他烟煤进口量及同比增长情况如图 6-3 所示。

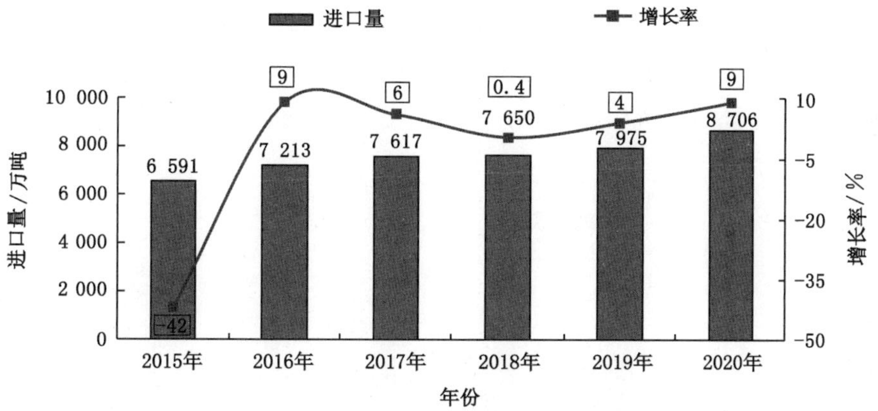

图 6-3　2015—2020 年中国其他烟煤进口量及同比增长情况

（数据来源：中华人民共和国海关总署、CCTD 中国煤炭市场网）

（四）其他煤

根据中华人民共和国海关总署的煤种划分，次烟煤被划分为其他煤，发热量相

---

① 所含挥发物(以干燥、无矿物质计)超过 14%，并且热值(以潮湿、无矿物质计)等于或小于 5 833 千卡/千克 GAD 的煤，等于或小于 5 200 千卡/千克 NAR 的煤。

② 所含挥发物(以干燥、无矿物质计)超过 37%，透光率 PM 为 30%～50%的煤。

对较低,挥发分偏高。2020 年,我国累计完成其他煤进口 3 716 万吨,较 2019 年同期增加了 4%。2015—2020 年中国其他煤进口量及同比增长情况如图 6-4 所示。

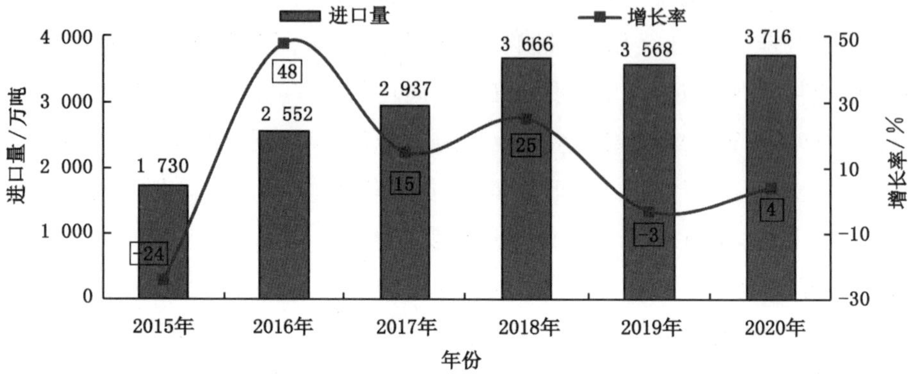

图 6-4　2015—2020 年中国其他煤进口量及同比增长情况

(数据来源:中华人民共和国海关总署、CCTD 中国煤炭市场网)

(五) 褐煤

我国对煤炭的清洁利用要求越来越严,褐煤作为热量较低的低品质煤,进口受到了一定限制,我国进口褐煤同比小幅减少。2020 年,我国累计完成褐煤进口 9 907 万吨,较 2019 年同期减少了 3%。2015—2020 年中国褐煤进口量及同比增长情况如图 6-5所示。

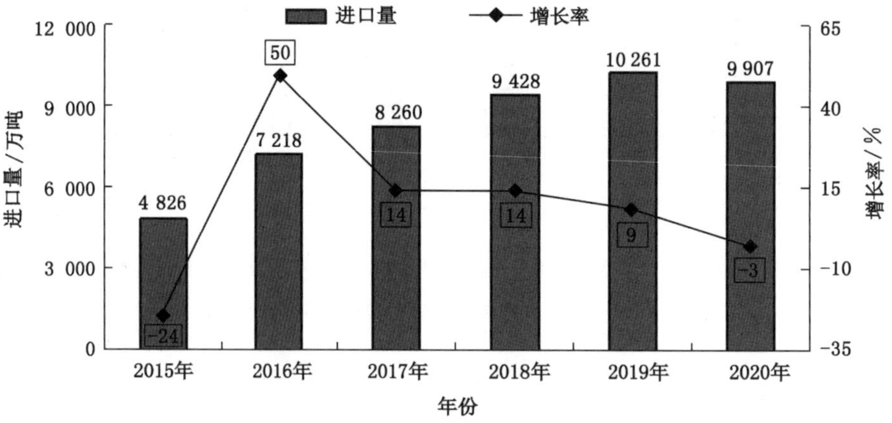

图 6-5　2015—2020 年中国褐煤进口量及同比增长情况

(数据来源:中华人民共和国海关总署、CCTD 中国煤炭市场网)

二、2020 年我国煤炭分国别进口情况分析

（一）从印尼进口煤炭情况

目前，印尼是我国最大的煤炭进口来源国家。印尼等东盟国家根据《中国-东盟自由贸易协定》中关于煤炭资源的免税条款报关，出具原产地政策，进口关税可以为 0。印尼煤炭资源主要以次烟煤和褐煤为主，炼焦煤资源较少，煤质水平偏低。同时，印尼煤矿 90%以上为露天煤矿，开采与人工成本普遍较低，出口价格也低于其他国家。

我国进口和使用印尼煤存在诸多优势，这是近年来推动我国从印尼进口煤炭量快速增长的直接原因。一是地缘优势。由于海运距离近，运输周期短，进口的印尼煤可快速补充国内煤炭需求缺口，缓解供需压力。二是价格优势。印尼煤炭资源埋藏浅，离地表一般只有几米至几十米不等，开采成本低。此外，印尼国内煤炭行业均为本土企业，外资介入程度不高，行业集中程度低，其国内中小煤炭企业居多，非法煤矿也不在少数，导致煤炭定价能力较弱，出口煤炭价格低于澳大利亚、南非等国家。三是煤质优势。印尼煤硫分和灰分较低，水分偏高，烟煤热值基本维持在 4 500～4 700 千卡，印尼褐煤热值为3 300～3 700 千卡。印尼煤和国内煤（如神木煤、伊泰煤和平朔煤等）掺烧，能够有效解决国内煤炭含灰分、硫分高的缺点，形成优势互补，并能大幅降低燃煤成本。印尼煤虽然为热量较低的低品质煤，但是具有低硫分的特点，可以与国内高硫分煤混合使用，减少二氧化硫和氮氧化物的排放量。

2020 年，中国从印尼进口煤炭 14 099 万吨，同比增加了 2.5%。其中，进口褐煤 8 494 万吨，同比减少了 5%；进口其他煤 3 311 万吨，同比增加了 4%；进口其他烟煤 2 218 万吨，同比增长了 44%。2015—2020 年中国从印尼进口的煤炭量如图 6-6所示。

（二）从澳大利亚进口煤炭情况

澳大利亚是我国主要的进口煤炭来源国家之一。澳大利亚烟煤储量比重较高，特别是优质煤炭储量偏高。其中，澳大利亚高热值动力煤全部用于出口，与我国出口的动力煤煤质基本相当。澳大利亚炼焦煤资源极为丰富，炼焦煤占煤炭总资源储量比重高于我国。澳大利亚炼焦煤煤质较好，出口焦煤黏结性也普遍高于我国。因此，我国从澳大利亚进口的煤主要以炼焦煤和其他烟煤等优质煤炭为主。

进口限制严格，导致澳大利亚煤的通关时间延长，若通关时间过长还存在滞期费、堆存费等成本升高的问题。澳大利亚煤的进口风险较大，终端和贸易商对澳大

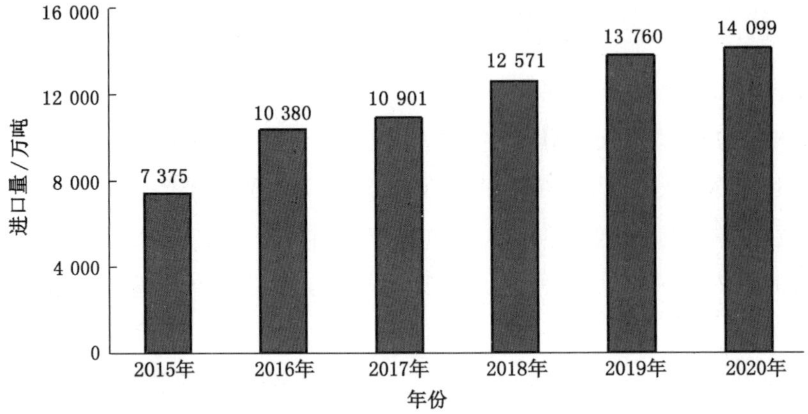

图 6-6　2015—2020 年中国进口印尼的煤炭量

(数据来源:中华人民共和国海关总署、CCTD 中国煤炭市场网)

利亚煤进口基本都持谨慎态度。从 2020 年三季度开始,国内多个港口对从澳大利亚进口的煤炭实行更加严格的通关手续,从而进一步限制了对澳大利亚动力煤的需求,再加上多数港口和终端年内进口煤配额用尽,进口澳大利亚煤需求更加低迷。2020 年,尽管我国对澳大利亚煤进口限制严格,但价格较低且国内钢厂的刚性需求坚挺,促使我国进口澳大利亚炼焦煤数量仍然有所增加。我国全年共从澳大利亚进口煤炭 7 808 万吨,同比增长了 1%。其中,从澳大利亚进口其他烟煤 4 254 万吨,同比下降了 7%;从澳大利亚进口炼焦煤 3 536 万吨,同比增加了 14%;从澳大利亚进口无烟煤 18 万吨,同比下降了 28%。2015—2020 年中国从澳大利亚进口的煤炭量如图 6-7 所示。

(三) 从俄罗斯进口煤炭情况

随着中俄在能源领域的合作越来越密切,与中国毗邻的俄罗斯远东地区煤炭资源开发及出口潜力引起中国企业越来越多的关注。尤其是在 2020 年澳大利亚煤炭进口受到一定限制后,中国企业进口俄罗斯煤炭需求有所增加。但需要注意的是,从俄罗斯进口的煤炭要在到岸价基础上加征 6%关税,从而增加了买家额外成本,因此国内终端用户采购俄罗斯煤炭较为谨慎。

2020 年,中国从俄罗斯进口其他烟煤、无烟煤、炼焦煤和褐煤同比均有所增加,尤其是褐煤增幅明显,但从俄罗斯进口其他煤同比均有所减少。2020 年我国从俄罗斯进口煤炭 3 958 万吨,同比增长了 23%。其中,进口其他烟煤1 724 万吨,同比增长了 24%;进口无烟煤 750 万吨,同比增长了 15%;进口炼焦煤673 万吨,同

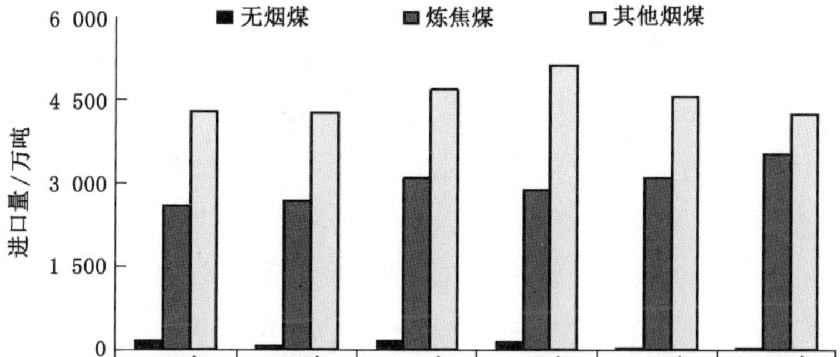

	2015年	2016年	2017年	2018年	2019年	2020年
■ 无烟煤	167	77	168	143	25	18
■ 炼焦煤	2 587	2 682	3 098	2 868	3 094	3 536
□ 其他烟煤	4 287	4 277	4 683	5 126	4 560	4 254

图 6-7　2015—2020 年中国进口澳大利亚的煤炭量

（数据来源：中华人民共和国海关总署、CCTD 中国煤炭市场网）

比增长了 24%；进口褐煤 590 万吨，同比增长了 92%；进口其他煤221 万吨，同比下降了 33%。2015—2020 年中国从俄罗斯进口煤炭量如图 6-8所示。

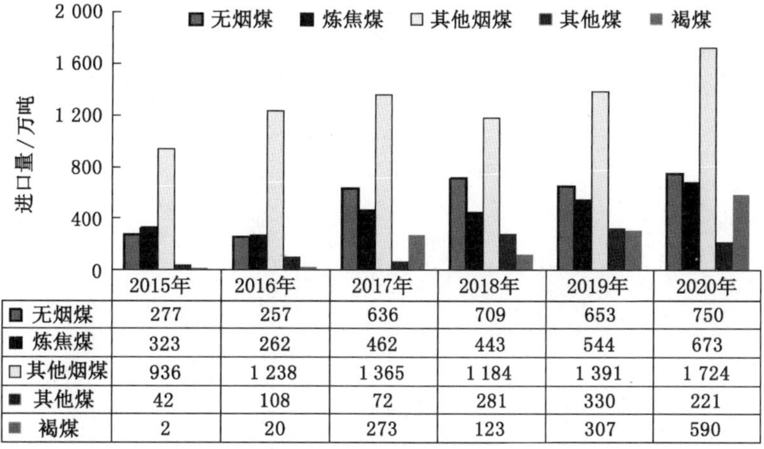

	2015年	2016年	2017年	2018年	2019年	2020年
■ 无烟煤	277	257	636	709	653	750
■ 炼焦煤	323	262	462	443	544	673
□ 其他烟煤	936	1 238	1 365	1 184	1 391	1 724
■ 其他煤	42	108	72	281	330	221
■ 褐煤	2	20	273	123	307	590

图 6-8　2015—2020 年中国进口俄罗斯的煤炭量

（数据来源：中华人民共和国海关总署、CCTD 中国煤炭市场网）

（四）从蒙古国进口煤炭情况

蒙古国是近几年新兴的煤炭出口国家，其煤炭资源开发较晚，但储量丰富。蒙古国国内工业产业相对落后，煤炭需求量低，煤炭几乎全部用于出口，目前已成为全球主要的煤炭出口国和炼焦煤出口地区之一。蒙古国优质炼焦煤资源丰富，多以强黏结煤为主,90%以上为露天煤矿,煤层浅,开采成本低,吨煤开采成本仅为10美元左右。但由于运输方式基本以公路为主,蒙古国煤炭运输受到严重的限制。近年来,中蒙双方积极推进双边贸易合作,以“一带一路”同“草原之路”战略对接为契机,两国战略互补,在矿产资源开发、基础设施建设和金融合作等领域积极展开合作。蒙古国出口的炼焦煤与澳大利亚煤炭相比具有一定的价格优势。此外,蒙古国也拥有广泛的煤炭产品种类,能够有效地实现煤炭混合优势。不过,也有分析指出,蒙古国交通运输方面的壁垒限制了该国的煤炭出口,目前蒙古国正积极建设运煤铁路,以提高煤炭出口量。

凭借邻国优势,蒙古国对我国煤炭出口量基本保持逐年增加的态势。即使在2020年新冠肺炎疫情期间,蒙古国和我国政府实施“绿色通道”临时法规以支持煤炭出口,改善了蒙古国煤炭对华出口运输条件,加速了蒙古国对我国的煤炭出口。2020年蒙古国因新冠肺炎疫情对生产和运输造成了一定影响,煤炭出口量有所减少。但受澳大利亚煤出口限制的影响,作为补充,中国从蒙古国进口其他烟煤和其他煤数量有所增加。2020年,我国共从蒙古国进口煤炭2 855万吨,同比减少了21%。其中,进口炼焦煤2 377万吨,同比减少30%;进口其他烟煤288万吨,同比增加了46%;进口其他煤178万吨,同比增加了701%;进口褐煤和无烟煤分别为9.8万吨和2.2万吨。2015—2020年中国从蒙古国进口煤炭量如图6-9所示。

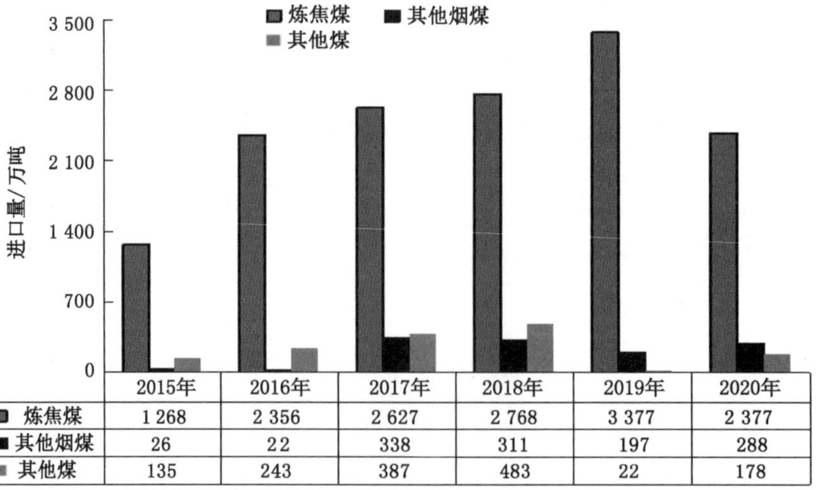

	2015年	2016年	2017年	2018年	2019年	2020年
炼焦煤	1 268	2 356	2 627	2 768	3 377	2 377
其他烟煤	26	22	338	311	197	288
其他煤	135	243	387	483	22	178

图6-9　2015—2020年中国进口蒙古国的煤炭量

(数据来源:中华人民共和国海关总署、CCTD中国煤炭市场网)

（五）从加拿大进口煤炭情况

由于中国对澳大利亚进口煤炭的限制严格，加拿大煤作为补充煤种，进口量有了较大增加。2020 年，我国从加拿大进口煤炭 550 万吨，同比增加了 45％。其中，进口炼焦煤 466 万吨，同比增加了 55％；进口其他烟煤84 万吨，同比增加了 5％。2015—2020 年中国从加拿大进口的煤炭量如图 6-10 所示。

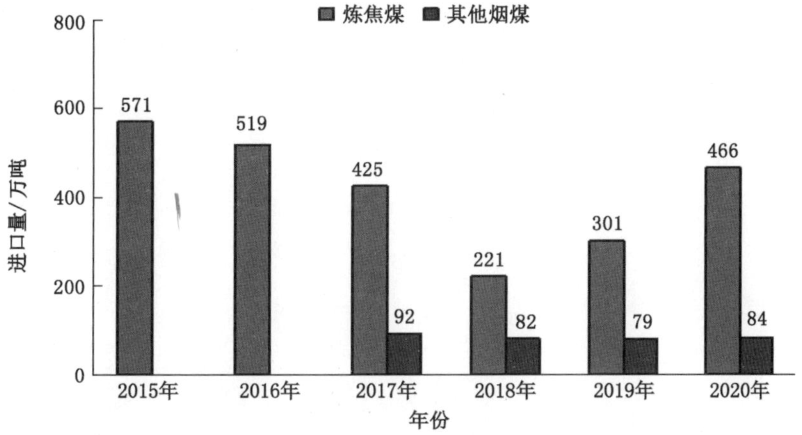

图 6-10 2015—2020 年中国进口加拿大的煤炭量

（数据来源：中华人民共和国海关总署、CCTD 中国煤炭市场网）

（六）从菲律宾进口煤炭情况

我国从菲律宾进口煤种为褐煤。2020 年，我国从菲律宾进口褐煤 811 万吨，同比减少了 13％。2015—2020 年中国从菲律宾进口煤炭量如图 6-11 所示。

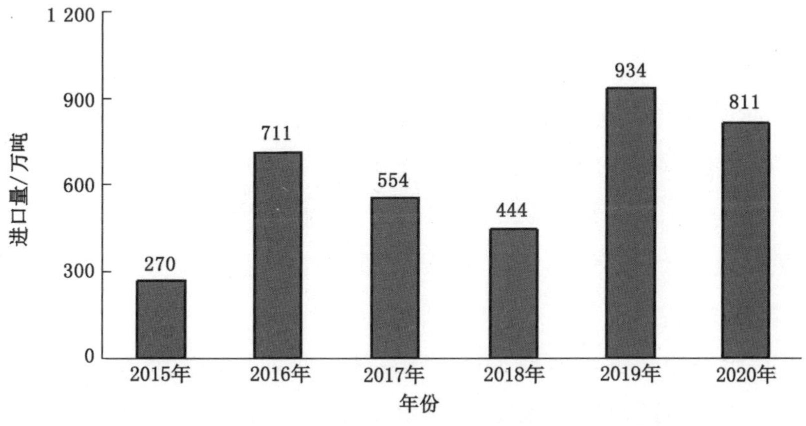

图 6-11 2015—2020 年中国进口菲律宾的煤炭量

（数据来源：中华人民共和国海关总署、CCTD 中国煤炭市场网）

第二节 中国煤炭进口价格现状分析

一、2020 年中国分煤种进口煤炭价格分析

(一) 无烟煤

2020 年,国际市场上无烟煤价格不振,我国进口的无烟煤价格也有所下降,进口无烟煤均价(不含增值税)为 85 美元/吨,同比下降了 22%。2015—2020 年我国无烟煤进口价格及同比增长情况如图 6-12 所示。

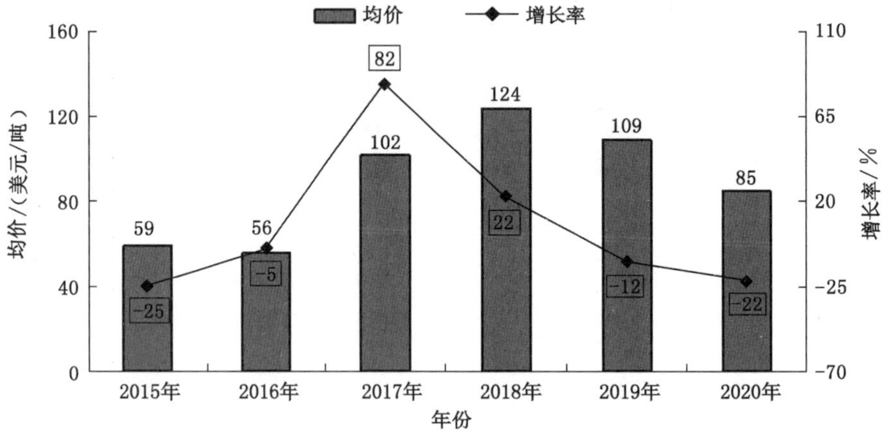

图 6-12 2015—2020 年中国无烟煤进口均价及同比增长情况

(数据来源:中华人民共和国海关总署、CCTD 中国煤炭市场网)

(二) 炼焦煤

受新冠肺炎疫情影响,全球基建项目和钢铁生产量有所减少,对炼焦煤需求有所减弱,国际炼焦煤价格有所下降,我国进口炼焦煤价格也有所下降。2020 年,我国进口炼焦煤均价(不含增值税)为 116 美元/吨,同比下降了 16%。2015—2020 年我国炼焦煤进口价格及同比增长情况如图 6-13 所示。

(三) 其他烟煤

2020 年,全球经济活动有所放缓,终端对其他烟煤的需求也较为有限,在国际价格下行的情况下,我国进口其他烟煤价格也有所下降。2020 年,我国进口其他烟煤均价(不含增值税)为 62 美元/吨,较 2019 年同期下降了 15%。2015—2020 年我国进口其他烟煤价格及同比增长情况如图 6-14 所示。

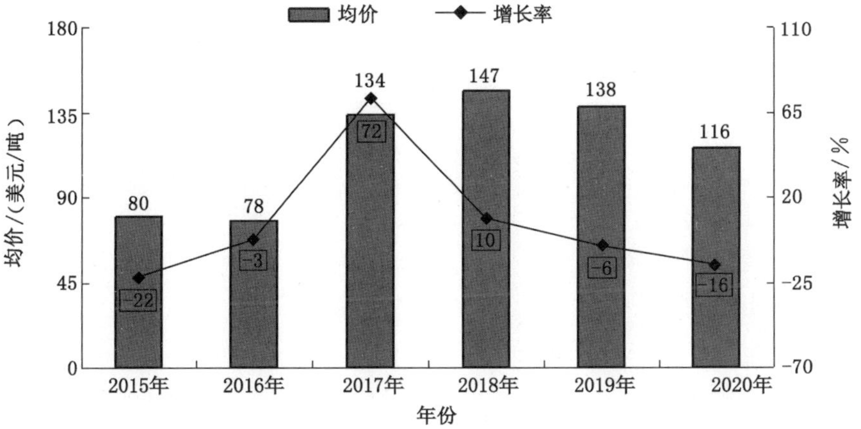

图 6-13　2015—2020 年中国炼焦煤进口价格及同比增长情况

（数据来源：中华人民共和国海关总署、CCTD 中国煤炭市场网）

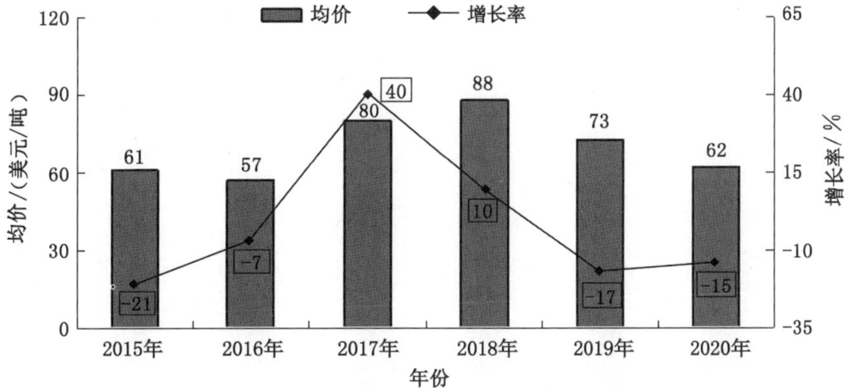

图 6-14　2015—2020 年中国其他烟煤进口均价及同比增长情况

（数据来源：中华人民共和国海关总署、CCTD 中国煤炭市场网）

（四）其他煤

2020 年，我国进口其他煤均价（不含增值税）为 50 美元/吨，较 2019 年同期下降了 12%。2015—2020 年我国其他煤进口价格及同比增长情况如图 6-15 所示。

（五）褐煤

2020 年以来，进口褐煤价格下行，主要原因是在全球煤炭市场供大于求的情况下，劣质煤和发热量较低的褐煤需求下降较为突出，并且相比优质动力煤缺乏竞争优势，只能通过进一步降价来进行促销。2020 年，我国褐煤进口到岸均价（不含增值税）39 美元/吨，较 2019 年同期下降了 9%。2015—2020 年我国褐煤进口价格及同比增长情况如图 6-16 所示。

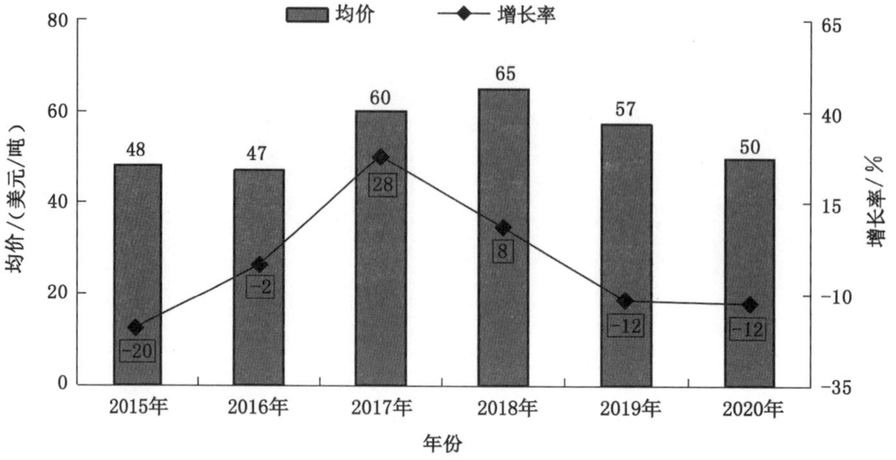

图 6-15 2015—2020 年中国其他煤进口均价及同比增长情况

(数据来源:中华人民共和国海关总署、CCTD 中国煤炭市场网)

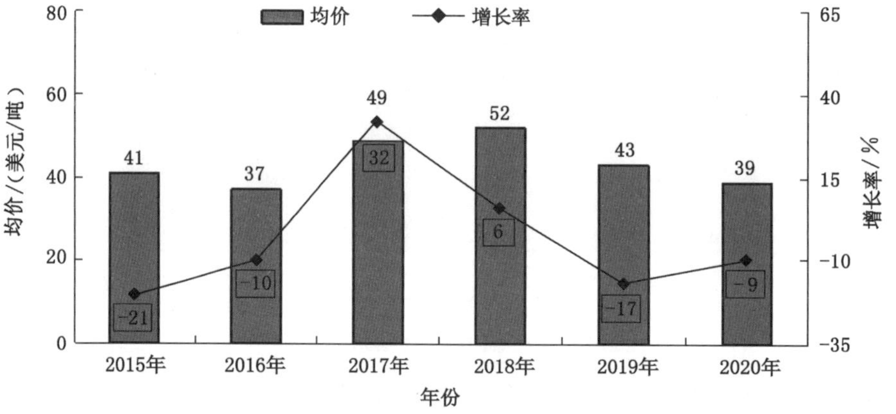

图 6-16 2015—2020 年中国褐煤进口均价及同比增长情况

(数据来源:中华人民共和国海关总署、CCTD 中国煤炭市场网)

二、2020 年中国分国别进口煤炭价格分析

(一) 从印尼进口煤炭价格分析

2020 年国内外市场整体需求较弱,印尼煤价同比明显下降,2020 年 12 月动力煤参考价(HBA)为 59.65 美元/吨,较 2019 年同期的 66.30 美元/吨下降了10%。由于库存持续高位,中国沿海电厂招标的印尼煤中标价格也普遍偏低。2020 年,我

国从印尼进口煤炭到岸均价(不含增值税)为 45 美元/吨,同比下降了 8%。其中,进口其他烟煤到岸均价(不含增值税)为 59 美元/吨,同比下降了 13%;进口褐煤到岸均价(不含增值税)为 38 美元/吨,同比下降了 9%;进口其他煤到岸均价(不含增值税)为 52 美元/吨,同比下降了 13%。2015—2020 年中国从印尼进口煤炭均价如图 6-17 所示。

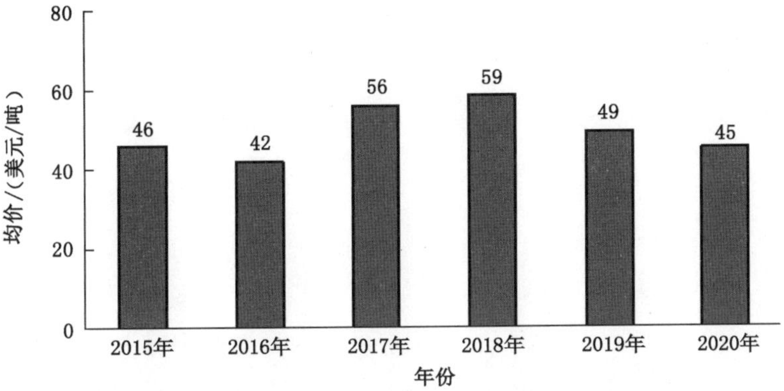

图 6-17　2015—2020 年中国从印尼进口煤炭的均价

(数据来源:中华人民共和国海关总署、CCTD 中国煤炭市场网)

(二) 从澳大利亚进口煤炭价格分析

2020 年,我国从澳大利亚进口煤炭到岸均价(不含增值税)为 101 美元/吨,同比下降了 17%。其中,进口无烟煤、炼焦煤和其他烟煤到岸均价(不含增值税)分别为 95 美元/吨、143 美元/吨和 66 美元/吨,同比分别下降了 24%、23%和 14%。2015—2020 年中国从澳大利亚进口煤炭价格如图 6-18 所示。

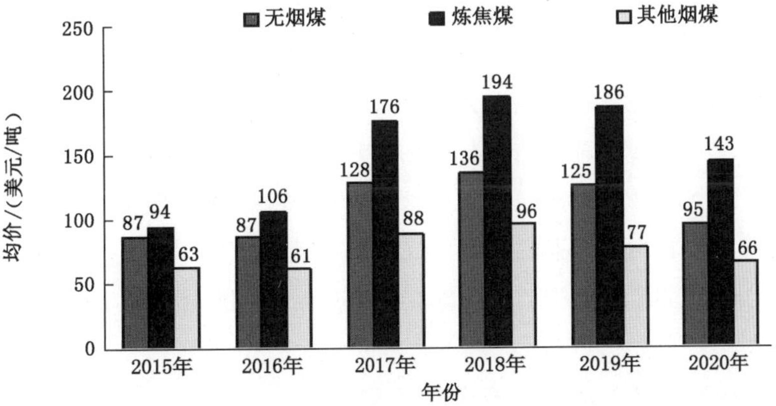

图 6-18　2015—2020 年中国从澳大利亚进口煤炭的均价

(数据来源:中华人民共和国海关总署、CCTD 中国煤炭市场网)

(三) 从俄罗斯进口煤炭价格分析

欧洲煤炭需求下降明显导致俄罗斯煤炭出口价格整体下行。2020 年,我国从俄罗斯进口煤炭到岸均价(不含增值税)为 67 美元/吨,同比下降了 20%。其中,进口无烟煤、炼焦煤、其他烟煤、其他煤和褐煤到岸均价(不含增值税)分别为 85 美元/吨、100 美元/吨、60 美元/吨、38 美元/吨和 42 美元/吨,同比分别下降了 23%、31%、8%、5%和 19%。2015—2020 年中国从俄罗斯进口煤炭均价如图6-19 所示。

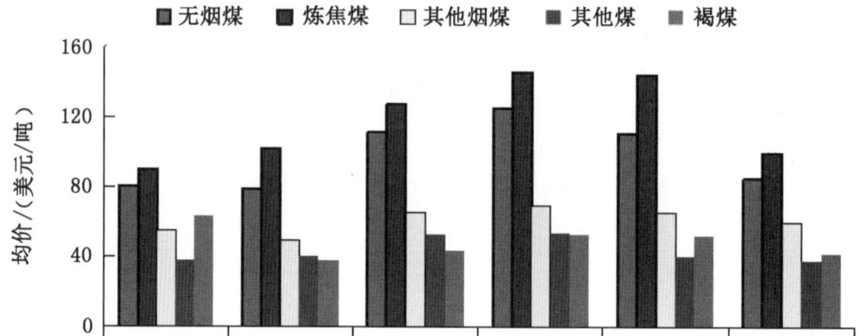

	2015年	2016年	2017年	2018年	2019年	2020年
无烟煤	80	79	111	125	111	85
炼焦煤	90	102	127	146	144	100
其他烟煤	55	49	66	70	65	60
其他煤	38	40	53	54	40	38
褐煤	63	38	44	53	52	42

图 6-19　2015—2020 年中国进口俄罗斯的煤炭均价

(数据来源:中华人民共和国海关总署、CCTD 中国煤炭市场网)

(四) 从蒙古国进口煤炭价格分析

2020 年,我国从蒙古国进口煤炭到岸均价(不含增值税)为 70 美元/吨,同比下降了 17%。其中,进口炼焦煤、其他烟煤到岸均价(不含增值税)分别为 78 美元/吨和 35 美元/吨,同比分别下降了 11%和 8%;但是进口其他煤到岸均价(不含增值税)为 26 美元/吨,同比增长 4%。2015—2020 年中国从蒙古国进口煤炭价格如图 6-20所示。

(五) 从加拿大进口煤炭价格分析

2020 年,我国从加拿大进口煤炭到岸均价(不含增值税)为 123 美元/吨,同比下降了 30%。其中,进口炼焦煤和其他烟煤到岸均价(不含增值税)分别为 129 美

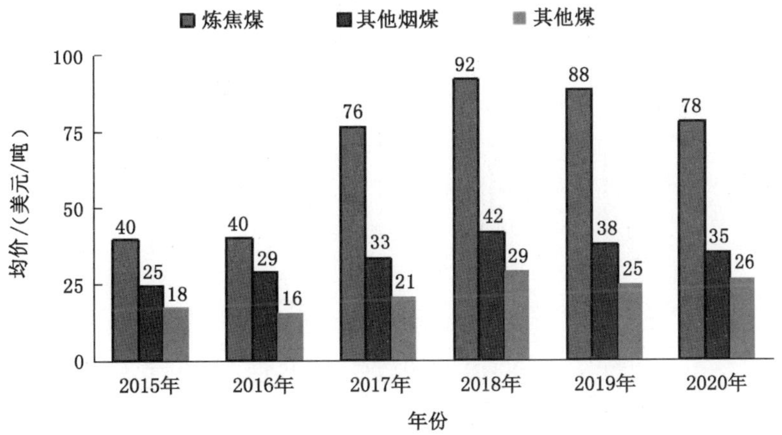

图 6-20 2015—2020 年中国进口蒙古国的煤炭均价

(数据来源:中华人民共和国海关总署、CCTD 中国煤炭市场网)

元/吨和 94 美元/吨,同比分别下降了 31%和 29%。2015—2020 年中国从加拿大进口煤炭价格如图 6-21 所示。

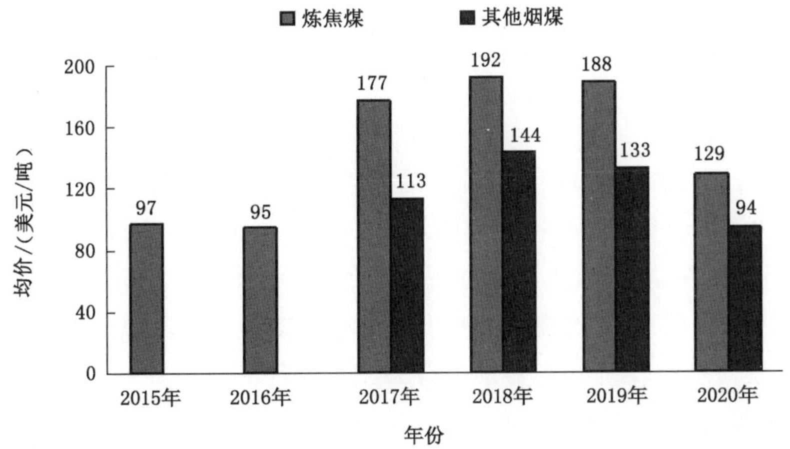

图 6-21 2015—2020 年中国进口加拿大的煤炭均价

(数据来源:中华人民共和国海关总署、CCTD 中国煤炭市场网)

(六) 从菲律宾进口煤炭价格分析

2020 年,我国从菲律宾进口褐煤到岸均价(不含增值税)为 42 美元/吨,同比下降了 14%。2015—2020 年中国从菲律宾进口煤炭价格如图 6-22 所示。

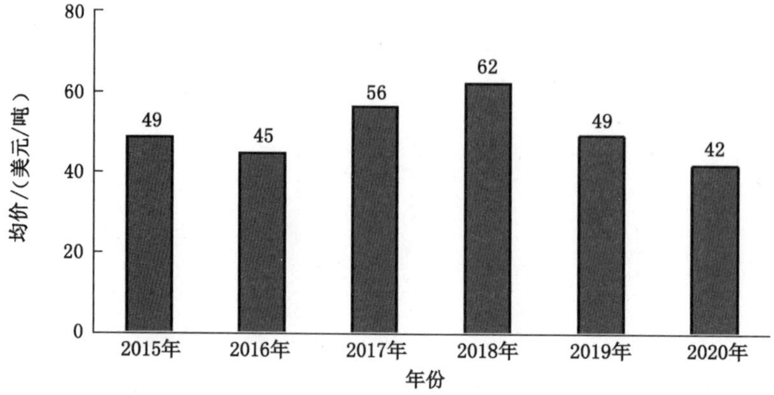

图 6-22　2015—2020 年中国进口菲律宾褐煤的均价

(数据来源:中华人民共和国海关总署、CCTD 中国煤炭市场网)

第三节　影响中国煤炭进口的相关因素

一、国内外煤炭价差

(一) 动力煤

进口煤与国内煤两者的价差始终是国内煤炭进口的确定性因素之一。2020 年,国际动力煤价格(以澳大利亚和印尼 5 500 千卡动力煤为例)较国内动力煤的价差优势仍然存在,对煤炭进口量有一定的正向激励作用。

由图 6-23 和图 6-24 可见,当进口煤价差优势明显时,贸易商进口风险小,操作意愿强;而当进口煤价差优势弱甚至倒挂时,贸易商进口风险增加,多数选择观望为主。所以说在一般情况下,进口煤价差优势与进口量呈现正相关关系,如图 6-25所示。但是,受进口煤限制制政策影响,即使进口煤有价格优势,终端进口需求仍有限。

(二) 炼焦煤

我国炼焦煤资源尤其是优质炼焦煤的稀缺性,以及资源地域错配问题,导致资源分布少而需求大的华东地区对炼焦煤的需求较高。华东地区炼焦煤调入一部分来自国内自产,另外一部分则来自国外进口。

图 6-26 和图 6-27 为澳大利亚风景煤矿主焦煤青岛港平仓价与我国柳林煤矿 4# 主焦煤唐山港平仓价价差和煤炭进口量的数据。通过对比可以看出,与动力煤

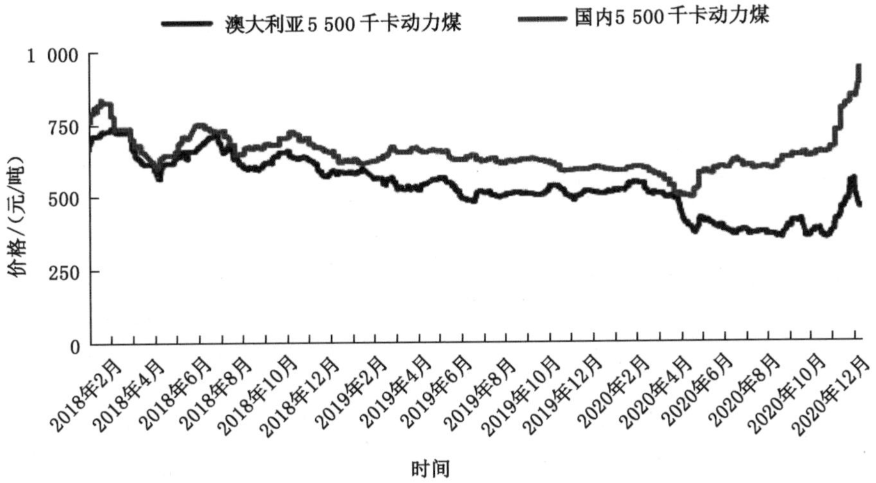

图 6-23　澳大利亚 5 500 千卡动力煤到岸价与国内煤价格对比

（数据来源：CCTD 中国煤炭市场网）

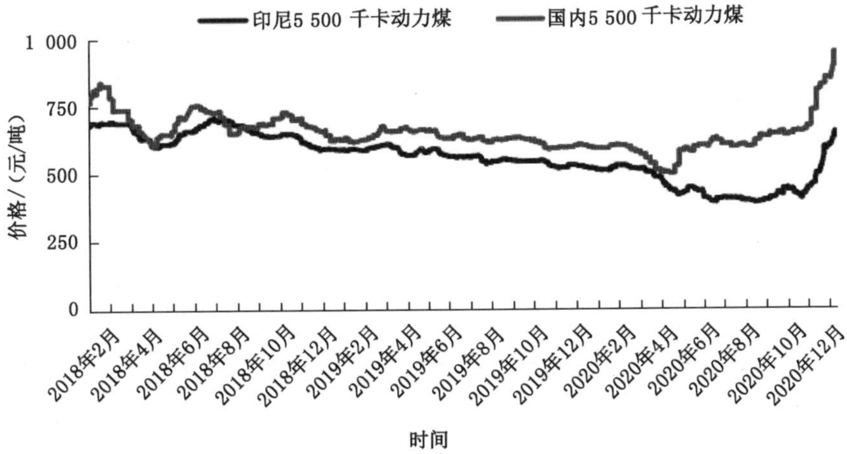

图 6-24　印尼 5 500 千卡动力煤到岸价与国内煤价格对比

（数据来源：CCTD 中国煤炭市场网）

相同，当价差优势明显时，贸易商进口风险小，操作意愿强；而当进口煤价差优势弱甚至倒挂时，贸易商进口风险增加，多数选择观望为主。但是，由于炼焦煤资源的稀缺性，有时炼焦煤进口量并未受到价差优势的影响；当需求强劲而国内无法满足时，即使价格倒挂，进口量依然增加。

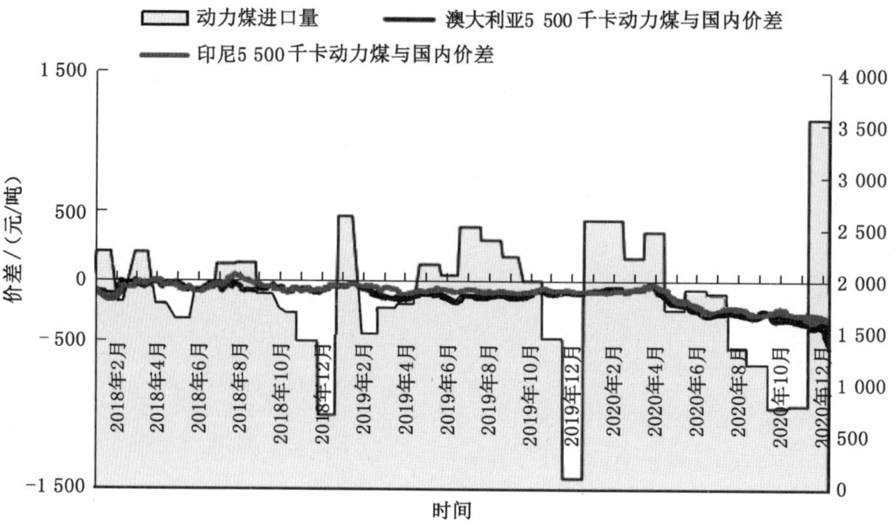

图 6-25 澳大利亚和印尼 5 500 千卡动力煤到岸价与国内煤价差以及煤炭进口量

(数据来源:CCTD 中国煤炭市场网)

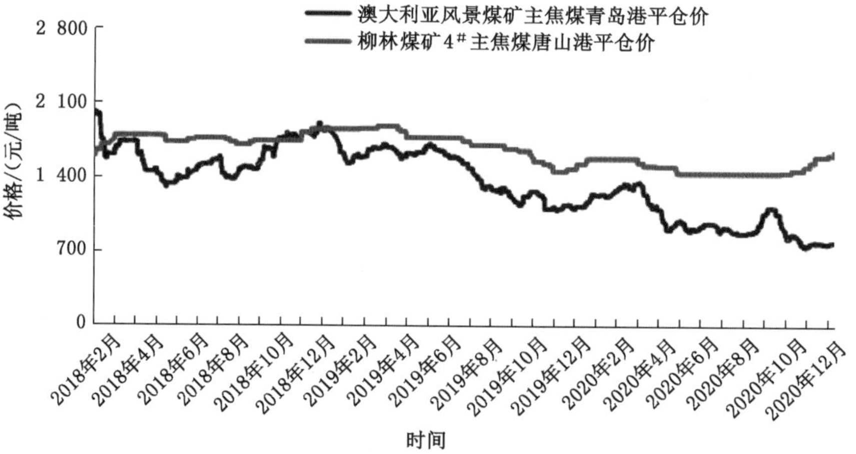

图 6-26 澳大利亚风景煤矿主焦煤青岛港平仓价与国内煤价格对比

(数据来源:CCTD 中国煤炭市场网)

二、区域供给矛盾因素

我国煤炭资源北多南少、西多东少,而煤炭消费却集中在华东以及东南沿海地区。因此,我国煤炭资源的分布、生产与消费地区分布极不协调,呈现出逆向分布的特征。冬夏两季用煤高峰期时,东南沿海地区煤炭市场会出现供不应求的情况。

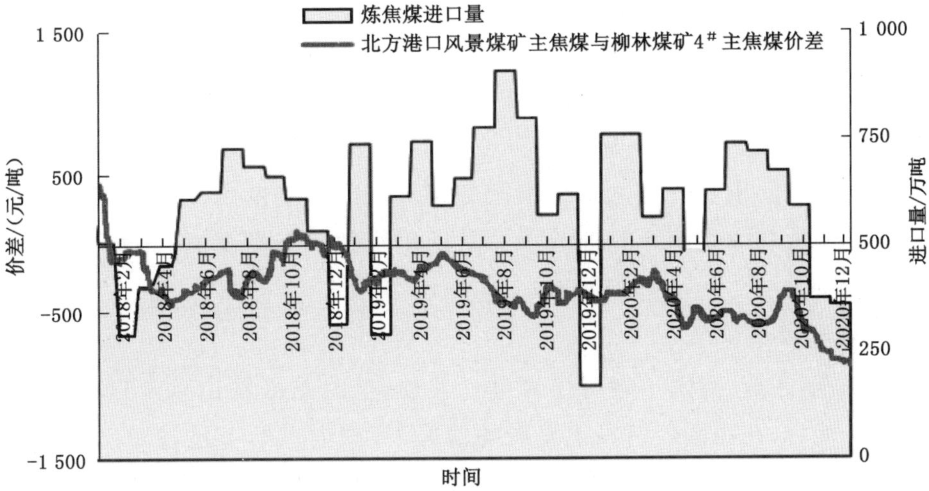

图 6-27　澳大利亚风景煤矿主焦煤平仓价与柳林煤矿 4# 主焦煤价差以及煤炭进口量

（数据来源：CCTD 中国煤炭市场网）

进口煤能够有效弥补迎峰期间煤炭市场供给，解决煤炭供应紧张状况。为了抑制国内市场煤炭价格快速上涨，缓解下游用户的补库压力，进口煤可以对国内市场起到有效补充作用。此外，国内电力企业为了保障煤炭供给安全，平衡国内煤炭市场，也存在着从国外进口煤炭的刚性需求。

三、政策因素

（一）供给端政策

此前，中国煤炭工业协会发布的《煤炭工业"十四五"高质量发展指导意见》提出，到"十四五"末，全国煤矿安全生产形势实现根本好转，国内煤炭年产量控制在41 亿吨左右，全国煤炭年消费量控制在42 亿吨左右，全国煤矿数量控制在 4 000 处左右。2020 年，党的十九届五中全会通过的《中共中央关于制定国民经济和社会发展第十四个五年规划和二〇三五年远景目标的建议》表示，"十四五"期间，我国能源资源配置更加合理、利用效率大幅提高，主要污染物排放总量持续减少；同时将推动能源清洁低碳安全高效利用，降低碳排放强度。无烟煤作为清洁高效的优质煤炭资源，国内对无烟煤的需求将有所增加。然而，从长远来看，我国煤炭进口需求承压较大。

（二）需求端政策

随着国家技术及创新能力的发展，以及成本的增加，我国"世界工厂"的功能发生了变化。同时,我国经济进入新常态,这就对我国供给端发展提出了新要求,供给侧结构性改革便是重要的手段。要在适度扩大总需求的同时,通过改革的办法推进结构调整,矫正要素配置的扭曲,扩大有效供给,改善供给质量,更好地满足广大人民群众的需求。“三去一降一补”(去产能、去库存、去杠杆、降成本、补短板)成为我国“十三五”的重要任务之一。钢铁和煤炭产能过剩的情况比较突出,因此去产能首先从钢铁和煤炭两个行业入手。从近年来的执行情况看,煤炭去产能执行得很坚决。

(三)税收政策

在2004年之前,我国一直有煤炭进口关税,彼时是鼓励出口,出口有退税,进口有关税。其后,在我国经济高速发展的情况下,国内供给不足,2004年之后开始逐渐取消出口退税,改为出口关税,同时取消进口关税。2014年10月9日,财政部网站公布,经过国务院批准,煤炭进口关税恢复实施,取消无烟煤、炼焦煤、炼焦煤以外的其他烟煤、其他煤、煤球等燃料的零进口暂定税率,对应煤种恢复实施3%~6%的最惠国税率。

取消煤炭进口零关税在当时被市场解读为煤炭救市政策之一,即通过提高煤炭进口成本,缓解国内供需关系。彼时,根据中国煤炭工业协会的数据,煤炭企业的亏损面已经超过了70%。不过,由于与中国签署了自由贸易协定,属于东盟国家的印尼依旧享有零关税政策。而在我国进口煤来源国中,占比最大的两个国家之一就有印尼。

2015年6月17日,中国与澳大利亚签署《中澳自由贸易协定》,此前一年,中国从澳大利亚进口煤炭9 441.5万吨,占全部进口煤的41.56%,是除印尼之外最重要的煤炭进口国。《中澳自由贸易协定》于2016年1月1日起执行,根据这一协定,自协定生效日起,未制成型的其他烟煤进口基础税率第一年降至4%,第二年递减至2%,第三年开始为零关税;未制成型的无烟煤、炼焦烟煤、其他煤以及褐煤等货品从协定生效日起执行零关税。因澳大利亚动力煤在中国基本以“其他烟煤”的名义报关,这意味着澳大利亚动力煤关税从6%降至4%,最后递减为零;而炼焦煤关税从3%直接降为0。我国进口煤来源国中占比最大的两个国家的进口煤没有关税措施,这意味着通过关税来调节进口煤的政策在一定程度上失灵。

2020年10月23日,《亚太贸易协定》(简称《协定》)秘书处通知各成员方,蒙古国已完成了《协定》加入程序,并拟于2021年1月1日与有关成员相互实施关税减让安排。根据关税减让安排,蒙古国将对366个税目削减关税,主要涉及水产品、蔬菜水果、动植物油、矿产品、化学制品、木材、棉纱、化学纤维、机械产品、运输设备等，平均降税幅度为24.2%，尤其是出口到中国的焦煤将享受50%的关税优惠。同时，蒙古国可享受中国等其他成员现有关税减让安排。

（四）环保政策

2015年，由国家发改委、国家质检总局等六部门联合发布的《商品煤质量管理暂行办法》（简称《办法》）正式实施，这是我国第一部资源能源类商品的质量安全技术法规，对进口煤等商品的质量检验更加严格。《办法》规定了商品煤的发热量、灰分、硫分以及磷、砷、氯、氟、汞含量等8个质量环保项目的限量要求，比如褐煤灰分不超过30%、硫分不超过1.5%，尤其对运距超过600千米商品煤的发热量、灰分、硫分做了更严格的要求。《办法》还规定，不符合上述要求的商品煤，不得进口、销售和远距离运输。

《办法》的执行导致对进口煤质量要求更加严格，不符合要求的进口煤直接被退运，导致贸易商进口周期延长、成本提高、风险加大，在一定程度上起到了抑制进口煤的作用。

（五）国外政策

1. 澳大利亚

2014年10月，为增强全球矿产资源市场的竞争力，澳大利亚废除了征收两年左右的矿产资源租赁税（MRRT），该税率高达应税利润的30%，而在2012—2013年，澳大利亚资源类企业的公司税和特许使用费已经占到利润的47%，这导致其煤炭出口优势降低，出口竞争力下降。自矿产资源租赁税废除之后，澳大利亚新南威尔士露天开采矿产资源税率仅为8.2%，企业负担减轻，有利于增强澳大利亚煤炭企业在国际煤炭市场的竞争优势，利好我国煤炭进口。澳大利亚主要州煤炭资源税税率和征收方式如表6-1所列。

表6-1 澳大利亚主要州煤炭资源税税率和征收方式

地名	税率及征收方式
新南威尔士	从价（销售收入）400米以下6.2%，地下为7.2%，露天开采8.2%
昆士兰	从价（煤炭平均价格）售价小于等于100美元/吨时为7%；售价超过100美元/吨，资源税则先征收100美元/吨的7%税率，超出的部分再另行征收
西澳大利亚	出口产品从价（销售收入）征收50%；非出口产品从量征收，1美元/吨
南澳大利亚	从价（销售收入）征收5%

2. 印尼

印尼政府于2020年取消了对国内矿商的削减配额措施，并计划对未能履行国内市场义务(DMO)计划的矿商征费。印尼国内市场义务要求煤企至少将煤炭产量的25%供应国内终端用户。如果煤企未能达到该义务要求，则将按照以下方式向生产商征费：高位发热量低于4 200千卡煤按0.5美元/吨收取；高位发热量在4 200～5 000千卡煤按1美元/吨收取；高位发热量高于5 000千卡煤按1.5美元/吨收取。此举或将减少印尼煤炭出口量。

四、运输环节对煤炭进口的影响

(一) 铁路运输瓶颈因素

铁路交通运力紧张成为制约我国煤炭工业可持续发展的关键，也是造成我国煤炭产品物流成本高、交易费用大、国际竞争力弱的重要原因。

根据国家铁路局等部门发布的《铁路“十三五”发展规划》，“十三五”期间，铁路固定资产投资规模将达3.5万亿元至3.8万亿元，其中基本建设投资约3万亿元，建设新线3万千米，至2020年，全国铁路营业里程达到15万千米，其中高速铁路3万千米。到2020年铁路运输煤炭能力达到37亿吨以上，形成运力强大、组织先进、功能完善的煤炭运输系统，铁路运输对煤炭供应能力的制约力度也将逐步下降。随着基础建设的加快，未来几年，我国北方将继续新增运煤通道，加快煤炭运输，促使沿海煤运更加畅通，“北煤南运”的瓶颈也将逐渐被打开。

(二) 海运费因素

若海运费上涨，海运进口煤运输成本也会上涨，贸易商的利润空间被压缩，在一定程度上就会打击贸易商的进口积极性。

五、汇率因素

图6-28为2018—2020年人民币兑美元汇率与煤炭进口量的关系，从图中可以看出，人民币升值与否与煤炭进口量基本呈正相关关系。当人民币升值时，以美元计价的进口煤炭折合人民币后价格下调，贸易商进口成本降低，有利于提高贸易商进口煤炭的积极性；当人民币贬值时，贸易商进口成本上升，风险加大，在一定程度上抑制了贸易商进口煤炭的积极性。然而，当国内供应不足必须由进口煤来填补缺口时，即使有时出现人民币汇率贬值的情况，国内终端用户对进口煤的热情仍然不减，煤炭进口量仍会增加。另一种情况是，在进口煤政策收紧时，即使汇率有优势，也会影响终端和贸易商采购，煤炭进口量仍会减少。

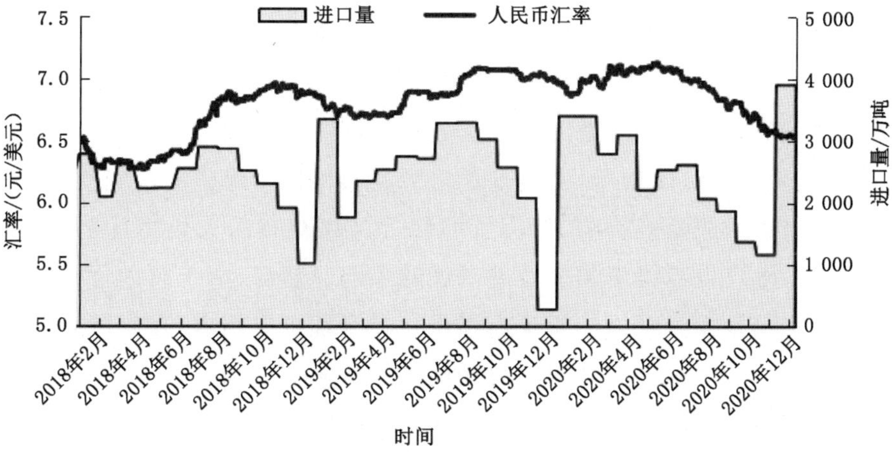

图 6-28　2018—2020 年人民币兑美元汇率与煤炭进口量的关系

（数据来源:CCTD 中国煤炭市场网）

第四节　中国煤炭进口量及价格预测

一、影响未来中国煤炭进口的主要因素

（一）国内对进口煤需求预测

尽管 2020 年受新冠肺炎疫情影响，我国煤炭消费增长速度放缓，但随着下半年经济活动陆续恢复正常，煤炭消费较 2019 年依然有所增加。据测算，2020 年我国煤炭消费量约为 40.4 亿吨，较 2019 年增长约 0.6%。2020 年煤炭产能释放情况不及预期，煤炭生产基本平稳，全年我国煤炭产量约 39 亿吨，同比增长 1.4%。2021 年，随着生产活动加快，煤炭优质产能进一步释放，产量和消费量将有所增加。

结合我国煤炭供给与需求的情况来看，当国内供给缺口减小时，我国对进口煤的需求减少，进口煤价格承压；当国内供给缺口增大时，我国对进口煤的需求增加，对进口煤价格也有上行支撑。

从今后的发展来看，煤炭仍是中国能源消费的主体，未来经济发展必然导致煤炭需求的进一步增加。在供给方面，我国虽然是煤炭资源大国，但人均占有量较低；同时，我国煤炭资源禀赋和社会经济格局的错位分布，决定了“北煤南运、西煤东运”的运输模式将长期存在。因此,无论从能源安全、能源供应,还是从生态地理环境的角度考虑,进口煤都是对国内市场的必要补充。

结合我国几个主要进口国情况来看,进口煤炭成本均低于国内煤企的平均水平,其在价格上的优势已经对沿海电厂形成了刚性拉运和固定的市场需求。然而,国内相关部门限制进口煤数量,尤其是严格限制港口进口煤额度,禁止异地报关等措施,将对进口量造成消极影响。因此,即使进口煤存在巨大价格优势,但在额度偏紧的情况下,电厂也不得不减少对进口煤的采购。然而,由于国内优质炼焦煤资源紧缺,国内终端企业对国外优质炼焦煤仍存在刚性进口需求,在我国对澳大利亚煤限制趋严的情况下,国内终端用户将逐渐增加从蒙古、俄罗斯和加拿大等国的进口。按照煤炭工业发展“十四五”规划的要求,今后我国将鼓励进口优质煤炭,加强炼焦煤进口,严格控制低热值煤、高硫分煤等劣质煤的进口。

(二) 国外煤矿生产状况

1. 印尼煤矿生产状况

由于新冠肺炎疫情肆虐,印尼能源与矿产资源部已将印尼 2021 年煤炭产量目标定为 5.5 亿吨,与 2020 年的目标持平。印尼将 2021 年煤炭产量目标定为 5.5 亿吨反映出,尽管全球煤炭需求和价格预计将反弹,但仍远不及 2019 年的水平。2019 年,印尼煤炭产量目标为 4.89 亿吨,而实际产量为 6 亿吨。

印尼大型矿业公司巴彦资源公司(Bayan Resources)表示,计划未来 5 年内将公司煤炭产能由目前的 3 170 万吨/年增加至 5 000 万吨/年。为提升公司运输能力以支撑增产计划,巴彦资源公司正在修建一条长 101 千米的煤炭运输公路,可将 Tabang 煤矿生产的煤炭运输至马哈坎河上的装船设施。该项目预计于 2022 年竣工。

2. 蒙古国煤矿生产状况

埃斯派尔矿业有限公司(Aspire Mining)表示,公司位于蒙古国的敖包特(Ovoot)炼焦煤早期开发项目生产计划已经确定。据悉,敖包特炼焦煤早期开发项目开采年限为 14 年,预计将生产煤炭 5 400 万吨。项目全部投产后,商品煤产能将达到 1 000 万吨。埃斯派尔矿业有限公司表示,敖包特炼焦煤早期开发项目的煤矿开发和公路建设将于 2021 年第二季度完成,预计 2021 年第三季度将实现首批煤外运。

塔旺陶拉盖—嘎顺苏海图方向 208.5 千米铁路建设工程将于 2021 年完工。塔旺陶拉盖—嘎顺苏海图铁路可出口 3 000 万吨焦煤和电煤。通过塔旺陶拉盖至嘎顺苏海图公路运输煤炭费用为 30～32 美元/吨。随着拥有铁路,该成本会降至 14.9 美元/吨。因此,上述铁路对蒙古国煤炭出口增长具有重大的意义。

3. 俄罗斯煤矿生产状况

俄罗斯能源部部长亚历山大·诺瓦克(Alexander Novak)表示,在就新冠肺炎疫情对俄罗斯煤炭市场的影响并结合当前环境因素分析后,与2019年相比,2020年俄罗斯煤炭市场的需求与煤价均有所下降,多半是受抗疫封锁措施的影响。新冠肺炎疫情期间,俄罗斯经济活动放缓,国内市场需求下降。因煤价下跌、需求疲软,部分煤企亏损经营,不得不减产以清库存。

4. 加拿大煤矿生产状况

加拿大TransAlta公司宣布,到2021年年底关闭高瓦莱(Highvale)煤矿,这比原计划提前4年,而且从2022年1月1日起其位于加拿大的电厂将不再使用煤炭作为燃料。高瓦莱煤矿位于加拿大埃德蒙顿(Edmonton)以西约70千米处,自1970年以来一直在运营,是加拿大最大的露天煤矿,占地面积超过1.26万公顷。

二、分煤种煤炭进口量预测

2020年,虽然我国对进口煤实行了一定限制,进口煤总量原则上不超过2019年数量,然而,在下半年国内生产活动快速恢复但是国内煤炭供应偏紧的影响下,进口量仍然有所增加。2020年,我国累计进口煤炭3.04亿吨。其中,无烟煤、其他烟煤和其他煤进口量分别为0.08亿吨、0.87亿吨和0.37亿吨,同比分别增长了9%、9%和4%。炼焦煤和褐煤进口量分别为0.73亿吨和0.99亿吨,同比都下降了3%。

2021年,在进口煤严控政策延续的情况下,尤其是限制澳大利亚煤政策的执行,我国进口煤将有所减少,进口煤总量约为2.9亿吨,同比下降了4.6%。其中,无烟煤、炼焦煤、其他烟煤、其他煤和褐煤进口量分别为0.07亿吨、0.70亿吨、0.85亿吨、0.35亿吨和0.93亿吨,同比分别下降了10.3%、3.5%、2.6%、5.9%和6.3%。2016—2021年我国煤炭进口量及预测如表6-2所列。

表6-2　2016—2021年我国煤炭进口量及预测　单位:亿吨

年份	进口量					
	总量	无烟煤	炼焦煤	其他烟煤	其他煤	褐煤
2016	2.56	0.27	0.59	0.72	0.26	0.72
2017	2.71	0.13	0.70	0.76	0.29	0.83
2018	2.81	0.09	0.65	0.76	0.37	0.94

表 6-2(续)

年份	进口量					
	总量	无烟煤	炼焦煤	其他烟煤	其他煤	褐煤
2019	3.00	0.07	0.75	0.80	0.36	1.02
2020	3.04	0.08	0.73	0.87	0.37	0.99
2021	2.90	0.07	0.70	0.85	0.35	0.93

数据来源:CCTD 中国煤炭市场网。

三、中国煤炭进口价格预测

(一)动力煤价格预测

根据 CCTD 中国煤炭市场网监测的数据显示,截至 2020 年 12 月,澳大利亚 5 500 千卡动力煤华南港到岸价(含税)报收于 459 元/吨,较年初下降47 元/吨;印尼 5 500 千卡动力煤华南港到岸价(含税)报收于 649 元/吨,较年初上涨 132 元/吨。2016—2021 年中国进口动力煤到岸价格及预测如表 6-3 所列。2018—2020 年澳大利亚、印尼 5 500 千卡动力煤华南港到岸价(含税)如图 6-29 所示。

表 6-3 2016—2021 年中国进口动力煤到岸价格及预测 单位:元/吨

年份	印尼 5 500 千卡动力煤华南港到岸价(含税)	澳大利亚 5 500 千卡动力煤华南港到岸价(含税)
2016	612	615
2017	682	671
2018	588	581
2019	518	507
2020	649	459
2021	680	480

数据来源:CCTD 中国煤炭市场网。

(二)炼焦煤价格预测

CCTD 中国煤炭市场网监测的数据显示,截至 2020 年 12 月,澳大利亚风景煤

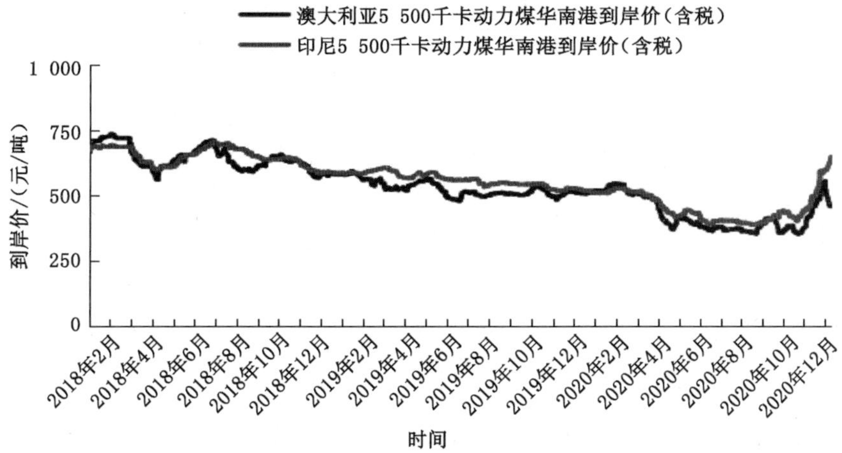

图 6-29 2018—2020 年澳大利亚、印尼 5 500 千卡动力煤华南港到岸价(含税)

(数据来源:CCTD 中国煤炭市场网)

矿硬焦煤青岛港含税到岸价为 114.75 美元/吨,较年初下降了 39.25 美元/吨。2018—2020 年澳大利亚风景煤矿硬焦煤青岛港含税到岸价如图 6-30 所示。截至 2020 年 12 月,澳大利亚主焦煤青岛港场地价为 1 540 元/吨,较年初上涨 240 元/吨,2021 年或将继续上升。2016—2020 年中国进口炼焦煤到岸价格以及 2021 年预测如表 6-4 所列。

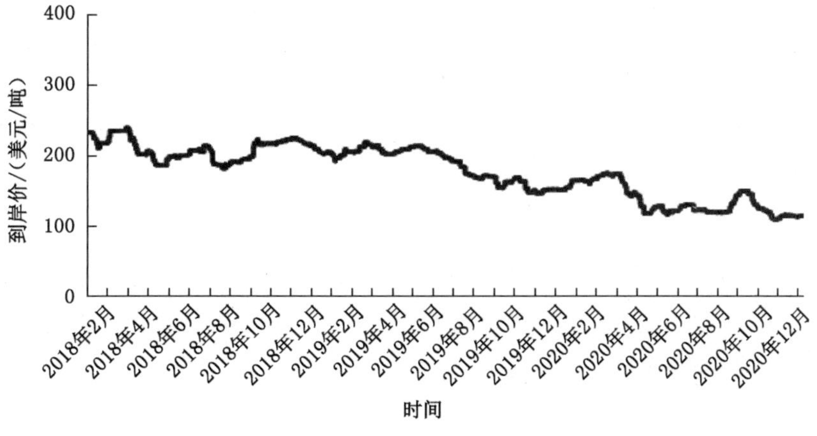

图 6-30 2018—2020 年澳大利亚风景煤矿硬焦煤青岛港含税到岸价

(数据来源:CCTD 中国煤炭市场网)

表 6-4　2016—2021 年中国进口炼焦煤到岸价格及预测　单位:元/吨

年份	澳大利亚主焦煤青岛港场地价
2016	2 000
2017	1 450
2018	1 700
2019	1 300
2020	1 540
2021	1 580

数据来源:CCTD 中国煤炭市场网。

第五节　中国煤炭出口情况

2020 年,我国累计出口煤炭 319 万吨,同比下降了 47%;累计出口金额 43 576 万美元,同比下降了 53.3%。

一、2020 年中国煤炭分煤种出口情况分析

(一) 无烟煤

CCTD 中国煤炭市场网监测的数据显示,2020 年,我国累计完成无烟煤出口 134 万吨,同比下降了 33%。2015—2020 年我国无烟煤出口量及同比增长情况如图 6-31 所示。

(二) 炼焦煤

2020 年全球炼焦煤需求低迷,国际上进口我国炼焦煤也有所减少。2020 年,我国累计出口炼焦煤 87 万吨,同比减少了 38%。2015—2020 年我国炼焦煤出口量及同比增长情况如图 6-32 所示。

(三) 其他烟煤

其他烟煤是国内煤炭出口的主要煤种。但是 2020 年全球需求较为疲软,国际上对我国其他烟煤需求也明显减少。2020 年,我国其他烟煤出口量仅为 90 万吨,同比减少了 64%。2015—2020 年我国其他烟煤出口量及同比增长情况如图 6-33所示。

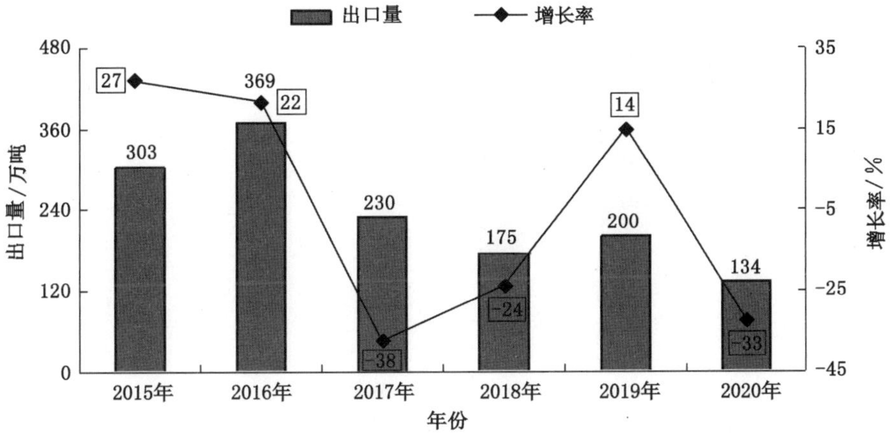

图 6-31　2015—2020 年我国无烟煤出口量及同比增长情况

（数据来源：中华人民共和国海关总署、CCTD 中国煤炭市场网）

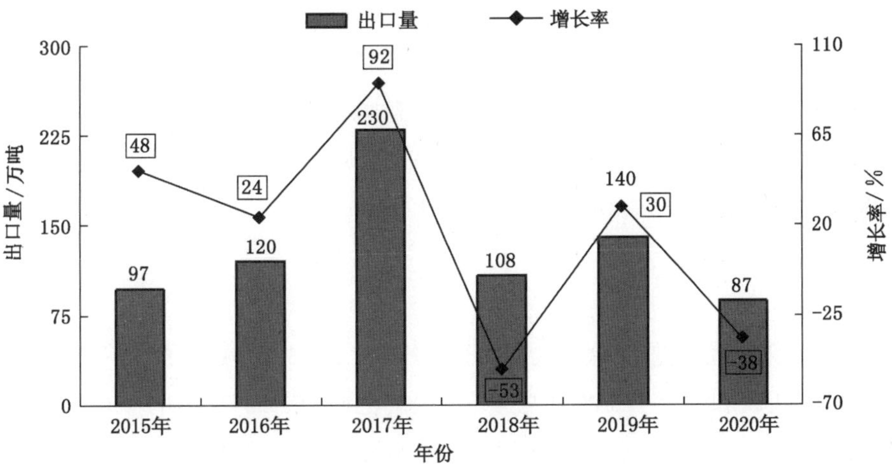

图 6-32　2015—2020 年我国炼焦煤出口量及同比增长情况

（数据来源：中华人民共和国海关总署、CCTD 中国煤炭市场网）

二、2020 年中国煤炭分国别出口量分析

（一）日本

2020 年，日本耗煤需求受新冠肺炎疫情影响明显减少。日本财务省贸易统计数据显示，2020 年，日本煤炭进口总量为 1.74 亿吨，同比下降了 6.8%。2020 年，日本动力煤（包含烟煤和次烟煤）进口量为 1.05 亿吨，同比下降了5.35%，创 2015 年

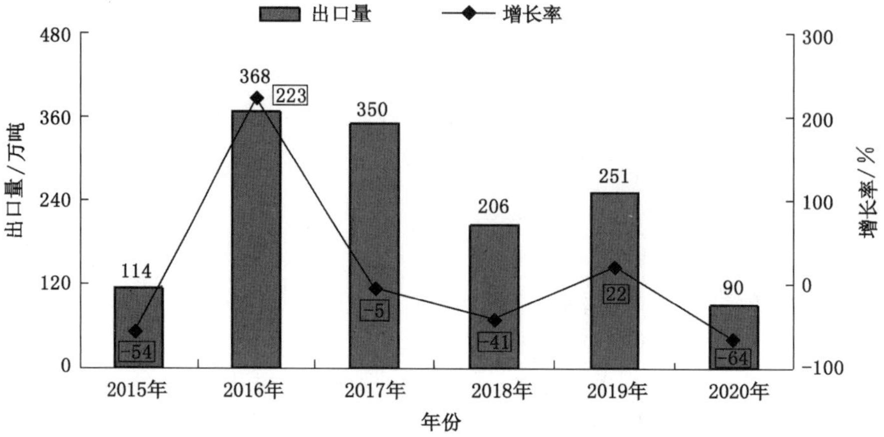

图 6-33 2015—2020 年我国其他烟煤出口量及同比增长情况

(数据来源:中华人民共和国海关总署、CCTD 中国煤炭市场网)

以来新低。2020 年全年日本累计进口炼焦煤 6 329 万吨,同比减少了8.78%。2020 年全年日本共进口无烟煤 521.34 万吨,同比下降了 8.58%。

2020 年,我国累计对日本出口煤炭 95 万吨,同比下降了 57%。其中,对日本出口其他烟煤和无烟煤分别为 37 万吨和 31 万吨,同比分别下降了 68%和 61%。但是,累计对日本出口炼焦煤 20 万吨,同比增加了 54%。2015—2020 年我国对日本煤炭出口量如图 6-34 所示。

(二)韩国

2020 年,韩国煤炭进口总量为 1.23 亿吨,较 2019 年减少了 12.7%。2020 年,韩国动力煤(烟煤和次烟煤)进口总量为 0.87 亿吨,较 2019 年的 1.03 亿吨下降了 15.53%;韩国冶金煤进口总量为0.30 亿吨,较 2019 年同期下降了 3.29%。其中,韩国炼焦煤进口总量为 0.21 亿吨,较 2019 年同期下降了5.99%;韩国喷吹煤进口总量为0.09 亿吨,较 2019 年同期增加了 3.56%。2020 年韩国无烟煤进口总量为 0.06 亿吨,较 2019 年同期下降了8.79%。

2020 年,我国累计对韩国出口煤炭 127 万吨,同比下降了 43%;对韩出口其他烟煤、炼焦煤和无烟煤分别为 42 万吨、62 万吨和 23 万吨,同比分别下降了 51%、18%和 62%。2015—2020 年我国对韩国煤炭出口量如图 6-35 所示。

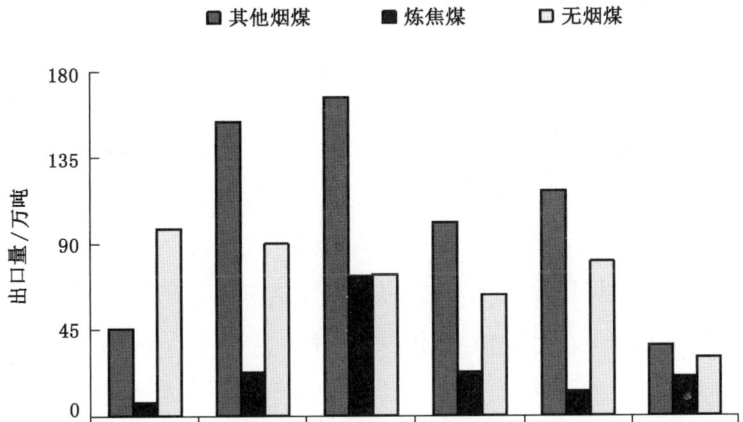

	2015年	2016年	2017年	2018年	2019年	2020年
其他烟煤	45	154	166	101	117	37
炼焦煤	7	23	73	23	13	20
无烟煤	98	90	74	63	80	31

图 6-34　2015—2020 年我国对日本煤炭出口量

（数据来源：中华人民共和国海关总署、CCTD 中国煤炭市场网）

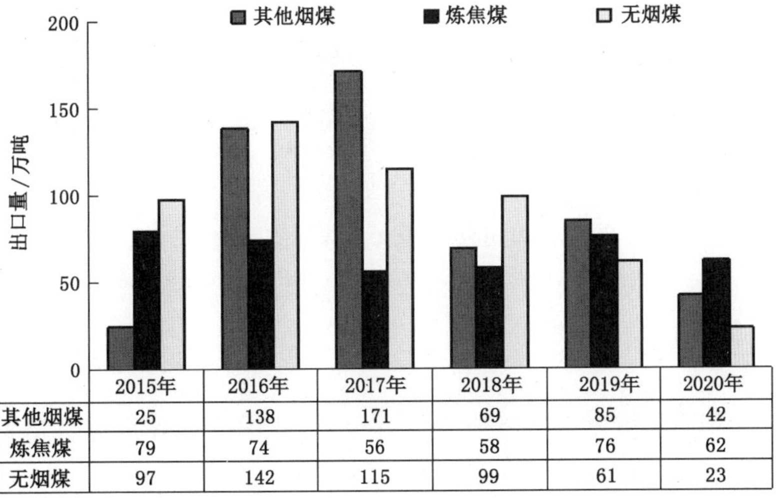

	2015年	2016年	2017年	2018年	2019年	2020年
其他烟煤	25	138	171	69	85	42
炼焦煤	79	74	56	58	76	62
无烟煤	97	142	115	99	61	23

图 6-35　2015—2020 年我国对韩国煤炭出口量

（数据来源：中华人民共和国海关总署、CCTD 中国煤炭市场网）

第六节 中国煤炭出口价格现状分析

一、分煤种分析

(一) 无烟煤

我国出口的无烟煤质量优良,主要用于冶金和化工行业,出口的无烟煤价格相对高于其他国家,但2020年价格有所下降。2020年,我国无烟煤出口均价为157美元/吨,较2019年下降了14%。2015—2020年我国无烟煤出口价格及同比增长情况如图6-36所示。

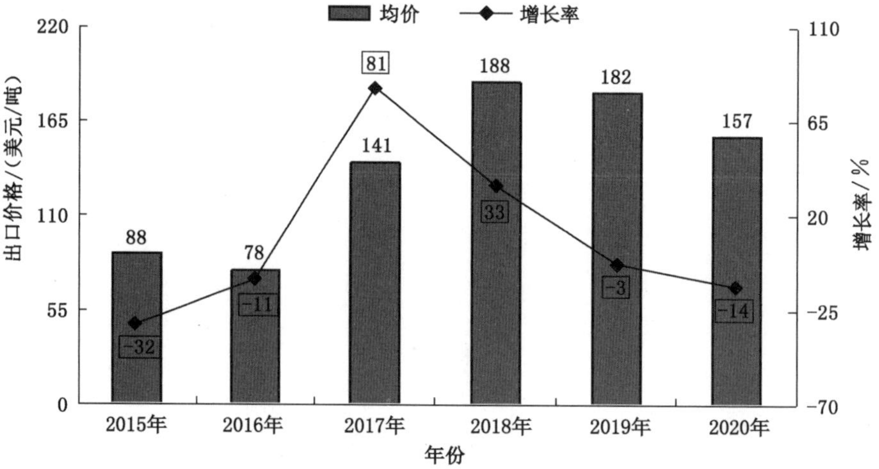

图6-36 2015—2020年我国无烟煤出口价格及同比增长情况

(数据来源:中华人民共和国海关总署、CCTD中国煤炭市场网)

(二) 炼焦煤

受2020年国际炼焦煤价格整体下行影响,我国炼焦煤出口价格也有所下降。2020年我国炼焦煤出口均价为142美元/吨,同比下降了29%。2015—2020年我国炼焦煤出口价格及同比增长情况如图6-37所示。

(三) 其他烟煤

2020年,国际市场对于我国其他烟煤的需求有所减少,导致我国其他烟煤出口价格下降。2020年我国其他烟煤出口均价为94美元/吨,同比下降了11%。2015—2020年我国其他烟煤出口价格及同比增长情况如图6-38所示。

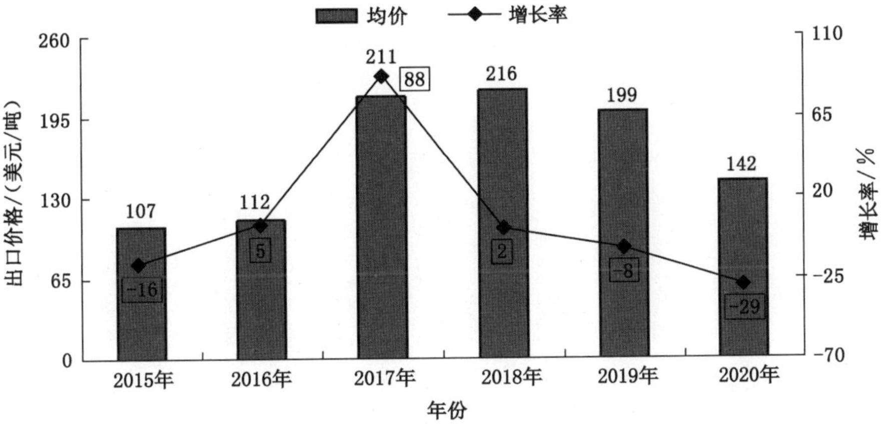

图 6-37　2015—2020 年我国炼焦煤出口价格及同比增长情况

（数据来源：中华人民共和国海关总署、CCTD 中国煤炭市场网）

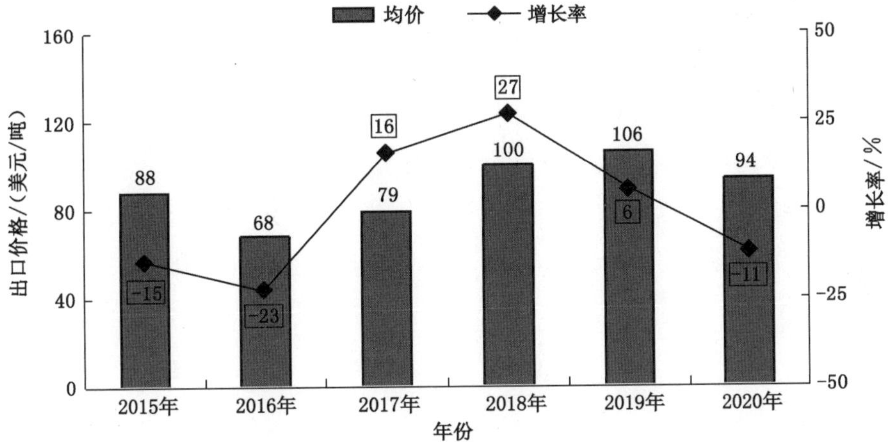

图 6-38　2015—2020 年我国其他烟煤出口价格及同比增长情况

（数据来源：中华人民共和国海关总署、CCTD 中国煤炭市场网）

二、分国别分析

（一）日本

2020 年，我国出口日本的煤炭价格平均为 139 美元/吨，同比下降了 5%；出口日本的其他烟煤、炼焦煤和无烟煤价格分别为 97 美元/吨、142 美元/吨和 168 美元/吨，同比分别下降了 9%、34%和 10%。2015—2020 年我国出口日本的煤炭价格如图 6-39 所示。

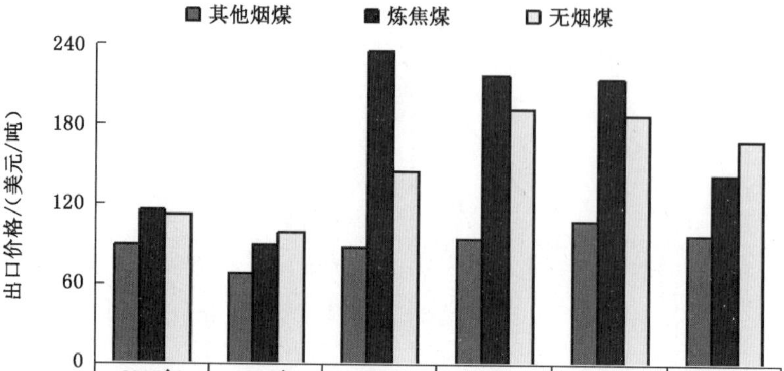

	2015年	2016年	2017年	2018年	2019年	2020年
其他烟煤	90	67	87	94	107	97
炼焦煤	115	89	235	217	214	142
无烟煤	112	99	145	192	187	168

图 6-39　2015—2020 年我国出口日本的煤炭价格

(数据来源:CCTD 中国煤炭市场网)

（二）韩国

2020 年,我国出口韩国的煤炭价格平均为 129 美元/吨,同比下降了 19%;出口韩国的其他烟煤、炼焦煤和无烟煤价格分别为 91 美元/吨、141 美元/吨和 165 美元/吨,同比分别下降了 13%、28%和 12%。2015—2020 年我国出口韩国的煤炭价格如图 6-40 所示。

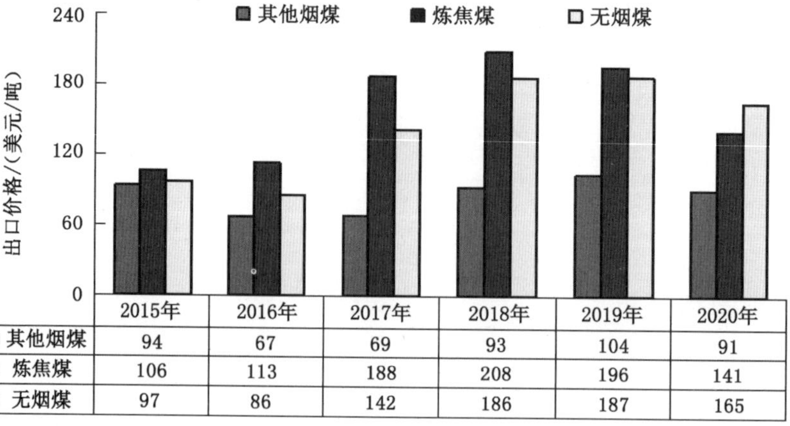

	2015年	2016年	2017年	2018年	2019年	2020年
其他烟煤	94	67	69	93	104	91
炼焦煤	106	113	188	208	196	141
无烟煤	97	86	142	186	187	165

图 6-40　2015—2020 年我国出口韩国的煤炭价格

(数据来源:CCTD 中国煤炭市场网)

第七节　影响中国煤炭出口的相关因素

一、煤炭出口体制单一

煤炭出口在国内缺乏适度的竞争机制。目前，我国的煤炭出口企业主要有国家能源投资集团有限责任公司（简称国家能源集团）、中国中煤能源集团有限公司（简称中煤集团）、山西煤炭进出口集团有限公司（简称山西煤炭进出口集团）和中国五矿集团有限公司（简称五矿集团）。煤炭出口企业过度集中导致企业很难适应市场经济的要求，难以调动煤炭企业的积极性，使得生产和销售脱节，不利于我国煤炭出口。由于煤炭出口大幅减少，煤炭出口企业对出口业务重视程度下降，只能被动地接受国际市场信息，具有一定的滞后性。一旦国际市场上煤炭需求在某一或某些方面发生变化，由于反映到生产单位的时间滞后性，则可能贻误出口时机。同时，由于煤炭生产企业缺乏对国际市场需求状况的了解，生产的针对性不强，导致生产标准与市场需求间存在着差异，从而影响出口。此外，由于煤炭企业不直接参与国际竞争，不具有占领和保持国际市场份额的竞争优势。

二、煤炭出口地域限制

目前，我国煤炭出口主要集中在韩国、日本等国家，主要品种为炼焦煤及其他烟煤，出口国家和出口煤种较为有限。在供给层面，澳大利亚、印尼等煤炭出口大国在国际市场中的煤炭出口占有率较高，国际市场对我国煤炭出口的需求因此偏少。

三、高成本导致出口价格优势不足

与澳大利亚、印尼等产煤大国主要为露天开采不同，我国的煤炭资源储藏较深，多以井工开采为主。在这样的开采方式下，无论生产与否，维持矿井安全运营的通风、排水等设备不能停，决定了我国煤炭生产的固定成本较高，因此可变的边际成本相对较低。澳大利亚、印尼等主要煤炭出口国的煤炭生产的变动成本较高，当市场价格低于其变动成本就会选择减、停产，而我国井工煤矿却无法停产，由此决定了我国煤炭生产成本较高。

此前，我国煤炭价格受国际形势影响跌至低位，纵向价格优势相对突出，加之地利之便，综合其运输成本之后，亚洲地区尤其是日、韩对我国的煤炭进口需求表现积极。

当前,我国煤炭生产成本和运输成本较高,即使煤价已处于低位,但与澳大利亚和印尼的煤炭相比,在价格上仍没有多大优势;加之全球清洁能源替代进程加速,发达国家缩减火电规模的举措势必缩减煤炭需求,故此并不看好我国煤炭出口后市。

四、政策因素

2014 年 12 月,财政部发布《2015 年关税实施方案》,中国煤炭(包括无烟煤、烟煤、焦煤、褐煤及其他煤等)2015 年出口关税暂定税率降至 3%,此前煤炭出口关税为 10%。关税下调 7 个百分点,有效降低了煤炭出口企业的出口成本,帮助煤炭出口企业在国际煤炭市场中增强了竞争力。

2015 年以来,为缓解我国煤炭供给过剩的压力,政府趋向于鼓励煤炭出口。以神华集团为代表的国内煤炭出口企业开始与韩国、日本等用户企业进行接触、洽谈,从而拓展煤炭出口市场,增加煤炭出口量。

第八节　中国煤炭出口量及价格预测

一、中国煤炭出口量预测

2020 年,全球煤炭需求整体疲软,我国煤炭主要出口国日本和韩国需求不振,导致我国煤炭各煤种出口量均出现明显减少。2020 年,我国煤炭出口总量为 319 万吨,同比下降了 47%。其中,无烟煤、炼焦煤和其他烟煤出口量分别为 134 万吨、87 万吨和 90 万吨,同比分别下降了 33%、38%和 64%。

2020 年 12 月至 2021 年 2 月,韩国关闭了 9～16 座燃煤电厂,以此来减少空气污染,其余工作的燃煤电厂机组功率不超过 80%。2021 年 3 月用煤旺季过后更多燃煤电厂即将关闭,2021 年年底前韩国将关停 6 座老旧燃煤电厂,因此今后韩国煤炭进口需求或将逐步减少。日本计划于 2030 年逐步淘汰 100 座老旧燃煤电厂,这意味着该国对进口煤需求将减少。然而,按照我国煤炭工业发展“十四五”规划,我国将完善煤炭出口政策,鼓励优势企业扩大对外出口,积极参与全球煤炭资源优化配置,提高优质煤炭资源供应潜力,提高我国在世界煤炭市场中的影响力。我国煤炭出口量或将在 2021 年有所回升。2021 年,预测我国煤炭出口总量约为 350 万吨,同比增长约 9.7%。其中,计划出口无烟煤、炼焦煤和其他烟煤分别约为

150 万吨、100 万吨和 100 万吨，同比分别增长约 11.9%、14.9%和11.1%。2016—2021 年我国煤炭出口量及预测如表 6-5 所列。

表 6-5　2016—2021 年我国煤炭出口量及预测　单位:万吨

年份	总量	无烟煤[①]	炼焦煤[①]	其他烟煤[①]
2016	879	369	120	368
2017	817	230	230	350
2018	493	175	108	206
2019	603	200	140	251
2020	319	134	87	90
2021	350	150	100	100

注:[①] 表内仅列主要煤种的数据。

数据来源:CCTD 中国煤炭市场网。

二、中国煤炭出口价格预测

CCTD 中国煤炭市场网的监测数据显示，2020 年我国无烟煤出口均价约为 157 美元/吨，预测 2021 年约为 170 美元/吨。

CCTD 中国煤炭市场网的监测数据显示，2020 年我国炼焦煤出口均价约为 142 美元/吨，预测 2021 年约为 150 美元/吨。

CCTD 中国煤炭市场网的监测数据显示，2020 年我国其他烟煤出口均价约为 94 美元/吨，预测 2021 年约为 100 美元/吨。

2016—2021 年我国煤炭各煤种出口离岸价格及预测如表 6-6 所列。

表 6-6　2016—2021 年我国煤炭各煤种出口离岸价格及预测　单位:美元/吨

年份	无烟煤	炼焦煤	其他烟煤
2016	78	112	68
2017	141	211	79
2018	188	215	100
2019	182	199	106
2020	157	142	94
2021	170	150	100

数据来源:CCTD 中国煤炭市场网。

第七章　中国煤炭价格影响因素及走势分析

第一节　中国煤炭价格运行情况

一、煤炭价格运行情况

随着国内新冠肺炎疫情在短期内得到了有效控制,2020 年上半年宏观经济复苏态势持续向好,工业经济持续稳定恢复。从需求端来看,2020 年年初,受新冠肺炎疫情影响,部分工业企业阶段性停工停产,下游用煤需求偏低;2020 年下半年,房地产、基建投资增速平稳回升,下游企业用煤需求随之回升。从供应端来看,2020 年年初,新冠肺炎疫情暴发,主产地煤炭产量释放受限;二季度开始,随着疫情得到了控制,主产地多数煤矿生产活动逐步恢复正常,但受频繁安检、内蒙古对涉煤领域腐败“倒查 20 年”、严控煤管票等因素影响,煤炭供应增幅受限;10 月起,内蒙古、新疆等地着力推进煤炭保供工作,主产地煤炭供应逐步增加。从运输端来看,国铁集团三年增量计划导致运力相对宽松。从进口端来看,2020 年全年累计进口煤炭 30 399 万吨,进口煤管控趋严,利好国内煤炭价格。综合来看,2020 年我国煤炭价格指数先抑后扬。截至 2020 年 12 月,中国煤炭价格指数报收于 172.9 点,同比上涨了 19.6 点,涨幅 12.8%。2015—2020 年中国煤炭价格指数如图 7-1 所示。

二、动力煤价格

(一) 坑口动力煤价格情况

2020 年年初,受春节以及新冠肺炎疫情影响,产地供应阶段性紧张,煤价持续上涨。3 月,随着产地煤矿复产进度加快,煤炭生产已恢复至同期水平,而需求明显不足,煤价持续下跌。5 月,随着国内经济快速复苏,下游需求不断释放,叠加进口煤收紧预期较强,市场看涨情绪高涨,煤价不断攀升。综合来看,2020 年年底,动力煤价格区间整体上移,CCTD 山西大同 5 000 千卡动力煤坑口价报收于

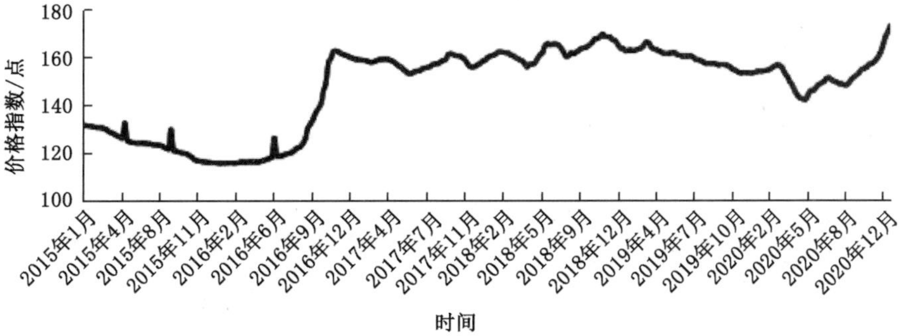

图 7-1　2015—2020 年中国煤炭价格指数

（数据来源：CCTD 中国煤炭市场网）

462 元/吨，较年初上涨了 103 元/吨（图 7-2），涨幅 28.7%；CCTD 鄂尔多斯伊旗 5 500 千卡动力煤坑口价报收于 482 元/吨，较年初上涨了 164 元/吨（图 7-3），涨幅 51.6%；CCTD 榆林府谷 5 500 千卡动力煤坑口价报收于473 元/吨，较年初上涨了 133 元/吨（图 7-4），涨幅 39.1%。

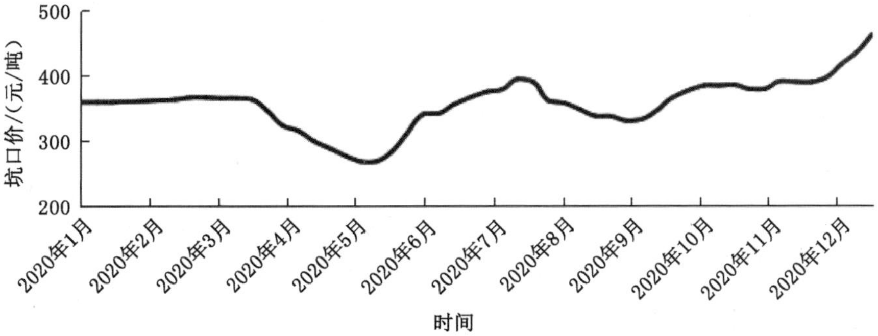

图 7-2　2020 年 CCTD 山西大同 5 000 千卡动力煤坑口价

（数据来源：CCTD 中国煤炭市场网）

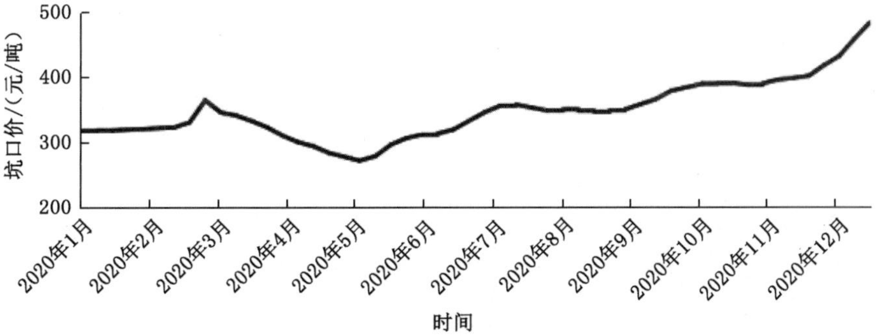

图 7-3　2020 年 CCTD 鄂尔多斯伊旗 5 500 千卡动力煤坑口价

（数据来源：CCTD 中国煤炭市场网）

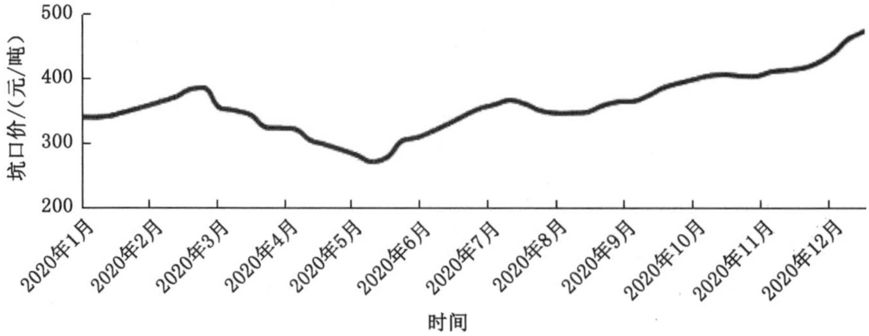

图 7-4 2020 年 CCTD 榆林府谷 5 500 千卡动力煤坑口价

(数据来源:CCTD 中国煤炭市场网)

(二) 港口动力煤价格情况

近几年为了保障煤炭平稳供应、促进煤价保持在合理水平,国家鼓励引导煤电双方签订更高比例的中长期合同;相关部门也要求进一步提高履约水平。一方面,有助于保障电力企业供煤安全;另一方面,长协煤价基本维持在 500~570 元/吨的绿色区间内,对稳定煤价、降低发电企业成本起到至关重要的作用。2019—2020 年神华集团等大型煤企年度长协煤价格如图 7-5 所示。

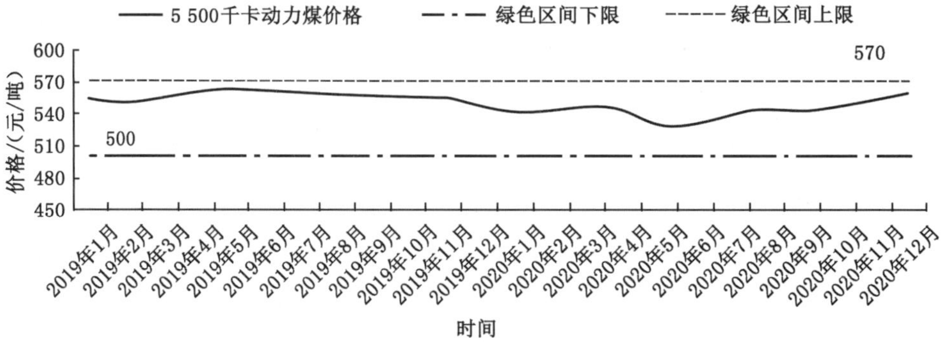

图 7-5 2019—2020 年神华集团等大型煤企年度长协煤价格

(数据来源:CCTD 中国煤炭市场网)

2020 年,煤炭价格先抑后扬。3 月,在市场继续下行预期和高库存等因素支撑下,下游电厂采购积极性较低,港口动力煤价格持续下降。5 月,下游各行业复工进程加快,工业用电增加带动了电厂耗煤需求;而港口结构性货源短缺暂难有效缓解,加之进口煤管控严格,下游部分采购需求转向国内市场,港口动力煤价格震荡上行。2020 年年底,秦皇岛港 5 500 千卡动力煤报收于 835 元/吨,同比上涨了 285 元/吨,涨幅 51.8%。2016—2020 年秦皇岛港动力煤价格如图 7-6 所示。

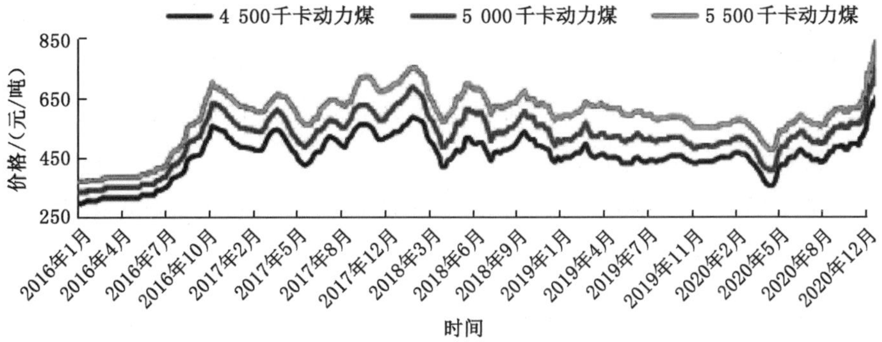

图 7-6　2016—2020 年秦皇岛港动力煤价格

（数据来源：CCTD 中国煤炭市场网）

（三）终端用户电煤采购价格（北方港平仓价）情况

整体来看，消费地电煤价格与坑口价格、港口价格走势一致。2020 年 12 月末，中国电煤采购价格指数（CECI）5 500 千卡成交价报收于 754 元/吨，同比上涨了 205 元/吨，涨幅 37.3%；中国电煤采购价格指数（CECI）5 000 千卡成交价报收于 682 元/吨，同比上涨了 193 元/吨，涨幅 39.5%。2018—2020 年中国电煤采购价格如图 7-7 所示。

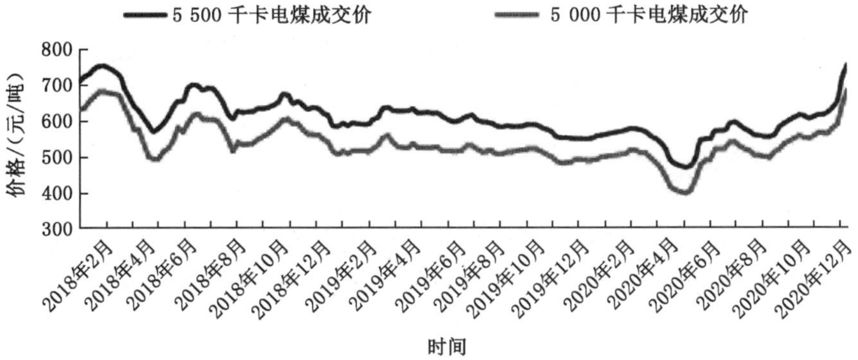

图 7-7　2018—2020 年中国电煤采购价格

（数据来源：中国电力企业联合会）

三、冶金煤价格

2020 年，焦煤市场整体呈现先抑后扬态势。供应方面，受频繁安检、内蒙古对涉煤领域腐败“倒查 20 年”等因素影响，主产地煤炭供应阶段性受限。10 月，随着各地保供工作持续推进，整体焦煤供应逐步修复。2020 年年底，由于多数煤矿生产任务临近尾声,生产有停、限产情况,供应趋于收紧。需求方面,受高利润、环保干扰因素有限等影响,从 8 月开始,国内焦企开工率持续攀升,焦煤刚性需求继续存在。2020 年年末,柳林煤矿 4# 主焦煤车板价格报收于 1 520 元/吨,同比上涨了 100 元/吨(图 7-8),涨幅7.0%;CCTD 唐山主焦煤价格报收于 1 480 元/吨,同比上涨了25 元/吨(图 7-9),涨幅1.7%;CCTD 唐山肥煤价格报收于 1 505 元/吨,同比上涨了 50 元/吨(图 7-9),涨幅3.4%。

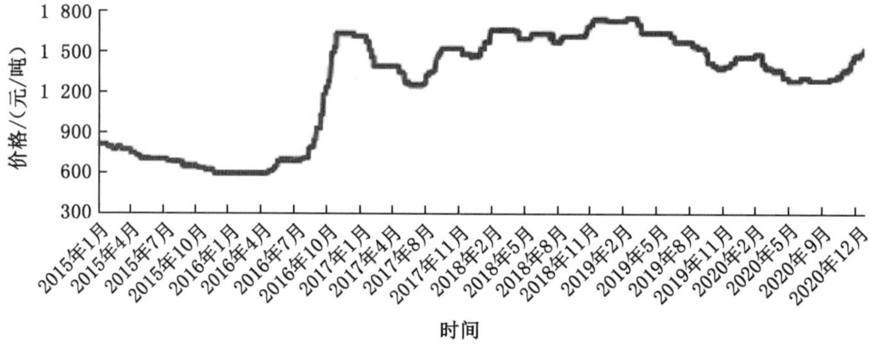

图 7-8 2015—2020 年柳林煤矿 4# 主焦煤车板价格

(来源:CCTD 中国煤炭市场网)

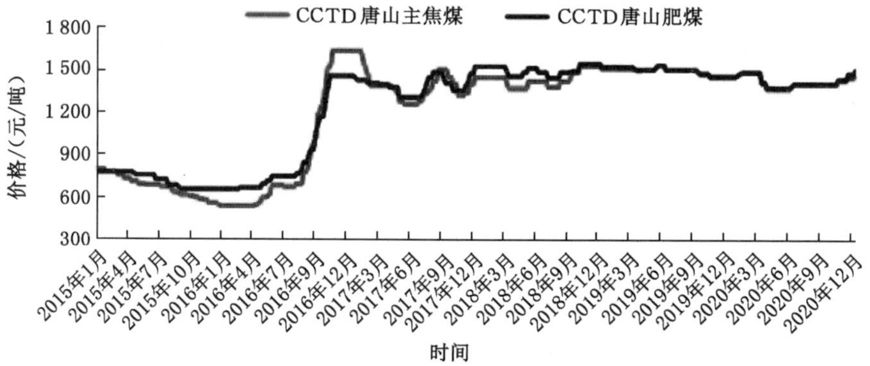

图 7-9 2015—2020 年 CCTD 唐山主焦煤、肥煤价格

(数据来源:CCTD 中国煤炭市场网)

第二节 影响国内煤炭价格的主要因素

煤炭价格直接反映着煤炭供需关系的变化,同时,煤炭价格变动将影响煤炭下游产业的效益以及国家经济的发展状况。它是国家制定经济政策和企业进行资源

配置及生产经营决策的重要基础之一。为有效改善煤炭市场环境，帮助煤炭价格企稳回升，我们必须清楚地了解影响煤炭价格的因素。

煤炭价格变动是多种因素共同作用的结果，为探究煤价影响因素，国内学者做了大量研究。周邢从煤炭供给与需求、市场预期和货币流动性等 3 个方面分析了煤炭价格的影响因素。刘艳敏阐述了影响煤炭价格的外部和内部因素，认为煤炭铁路运输能力、流通及开采成本是影响其价格的关键因素。张同功等认为煤炭自身价值和市场供求关系是影响煤炭价格的基本因素。黄梦婷等认为影响煤炭价格的因素有动力煤期货收盘价、动力煤国际价格、煤炭行业固定资产投资、CPI 指数、煤炭产量、粗钢产量和 PMI 指数。本书在查阅相关文献资料的基础上，借鉴一些企业，如中平能化集团、山西焦煤集团等国有大企业价格制定机制的经验，对供需关系、成本因素、运输费用、进出口以及相关政策等影响煤炭价格的因素进行分析。

一、供需关系

（一）煤炭供需关系现状分析

供需关系是影响价格的最主要因素，价格由供给和需求共同决定。就煤炭行业而言，煤炭市场供需关系是决定煤炭价格的根本性因素，其他影响因素主要通过影响煤炭市场供需，进而影响煤炭价格。

（1）供应方面。受新冠肺炎疫情影响，2020 年年初煤炭产量释放受限。随着疫情得到控制，煤矿生产活动逐步恢复正常，但受频繁安检、内蒙古对涉煤领域腐败“倒查 20 年”、严控煤管票等因素影响，煤炭供应增幅受限。2020 年年底，随着煤炭保供工作有序推进，主产地煤炭供应逐步增加，但我国全年煤炭产量同比增速仍呈现下降态势。

（2）需求方面。2020 年下半年，国内经济快速复苏，下游需求不断释放，我国煤炭消费后劲十足。2020 年，我国煤炭消费量持续增长，但增速放缓。

（3）进出口方面。2020 年，虽然进口煤价差优势依然明显，但国内进口煤管控趋严，导致我国煤炭进口量同比增速有所回落。

煤炭价格受煤炭市场供需关系影响最突出的表现是，煤炭价格受季节性供求关系的影响较大，每年夏季和冬季是用煤高峰，煤炭价格会逐渐上升；而在春季和秋季的煤炭需求淡季，煤炭价格会出现下跌。

2011—2020 年我国煤炭供需关系的变化情况如图 7-10 所示，用煤炭供需比指标来反映煤炭市场的供需关系，其计算公式为：

$$gx_t = \frac{cl_t + im_t - ex_t}{xf_t}$$

其中,gx_t 表示第 t 期煤炭供需比,cl_t、xf_t、im_t、ex_t 分别表示第 t 期煤炭产量、煤炭消费量、煤炭进口量和煤炭出口量,其中产量、消费量数据来源于课题组,进出口量来源于中国海关总署。一般而言,供需比小于 1 时表明市场供应紧张;供需比大于 1 时表明市场供应宽松。

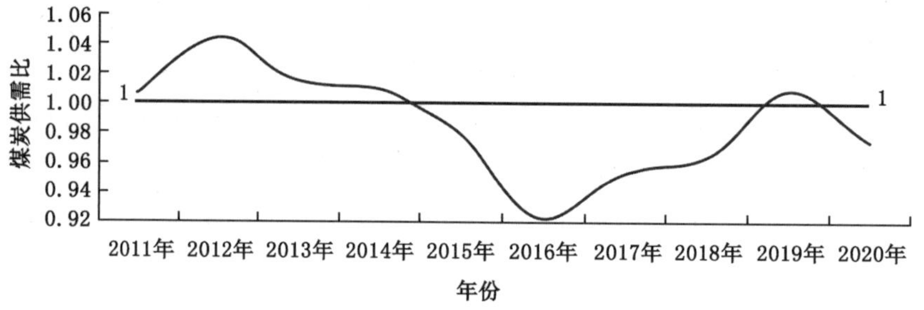

图 7-10 2011—2020 年我国煤炭供需比变化情况

(数据来源:CCTD 中国煤炭市场网)

从 2011—2020 年我国煤炭供需比变化情况可以看出:2011—2014 年我国煤炭供需关系较为宽松,尤其是 2012 年煤炭供大于求情况比较明显。2015—2016 年我国煤炭供需关系由宽松向紧张过渡,尤其是 2016 年,在减量化生产的影响下,我国煤炭供需关系极度紧张,各环节库存去化严重。2017 年,随着煤矿增产和进口煤放量,煤炭供需关系趋于好转。2018 年,我国煤炭供需关系与 2017 年基本保持一致,处于紧平衡状态。2019 年,考虑到一些未统计的煤炭产量,实际煤炭产量或高于 39 亿吨,我国煤炭供需关系表现为相对宽松。2020 年,我国煤炭供需关系转向偏紧。

(二)煤炭供需关系对煤炭价格的影响分析

对 2011—2020 年我国煤炭供需比和中国煤炭价格指数进行相关性分析发现,两者相关系数为 0.56,为线性相关,并且在 0.05 水平(双侧)上显著相关,如图 7-11 所示。

对 2011—2020 年我国煤炭供需关系与中国煤炭价格指数的分析(图 7-12)可以看出,煤炭供需比与价格指数之间确实存在一定的相关性。当煤炭供需比大于 1,也就是煤炭供大于求的时候,中国煤炭价格指数处于下降区间内;当供需比接近 1 时,中国煤炭价格指数下降趋势明显放缓;当煤炭供需比小于 1,也就是供小于求

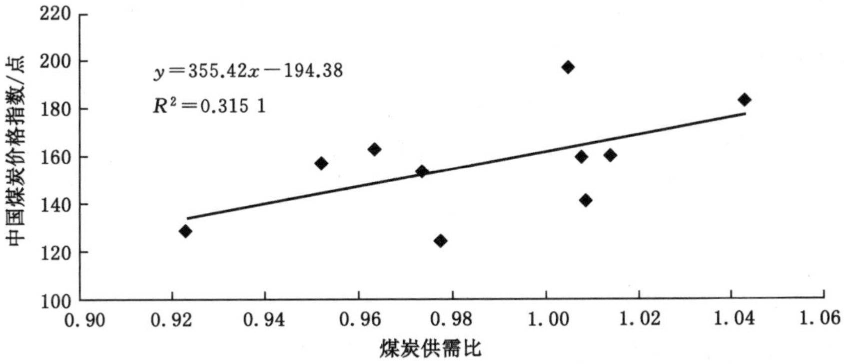

图 7-11　2011—2020 年中国煤炭供需比与中国煤炭价格指数的相关性分析

（数据来源：CCTD 中国煤炭市场网）

的时候，中国煤炭价格指数开始震荡调整，逐渐触底反弹，当离 1 越远时，中国煤炭价格指数反弹速度越快。

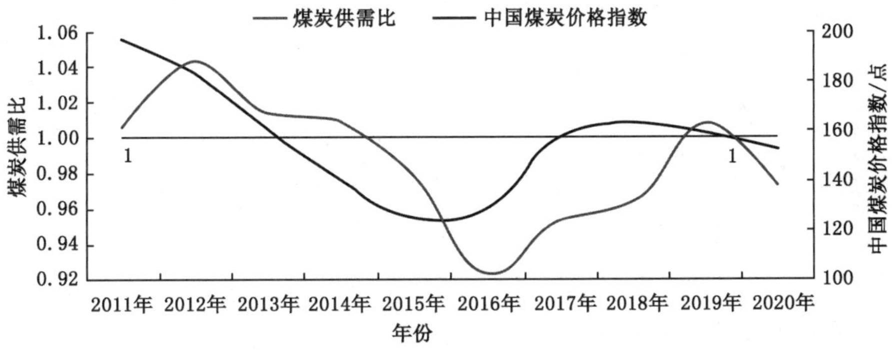

图 7-12　2011—2020 年我国煤炭供需比与中国煤炭价格指数的关系

（数据来源：CCTD 中国煤炭市场网）

二、成本分析

（一）分区域及全国煤炭成本的变动情况

1. 华北地区

华北地区是我国最主要的煤炭产地之一，其煤炭产量占全国比重在 55%以上。并且该地区煤炭开采地质条件良好，开采技术等相对成熟，开采成本较其他地区要低，尤其是内蒙古地区，露天煤矿较多，开采成本较井工矿具有很大的优势。

从2016—2020年CCTD中国煤炭市场网的监测数据来看，河北地区煤炭开采的完全成本有所下降，山西、内蒙古地区煤炭开采的完全成本小幅提升。其中，河北地区煤炭开采的完全成本在308～368元/吨，山西地区煤炭开采的完全成本在169～301元/吨，内蒙古地区煤炭开采的完全成本则在127～159元/吨，如图7-13所示。

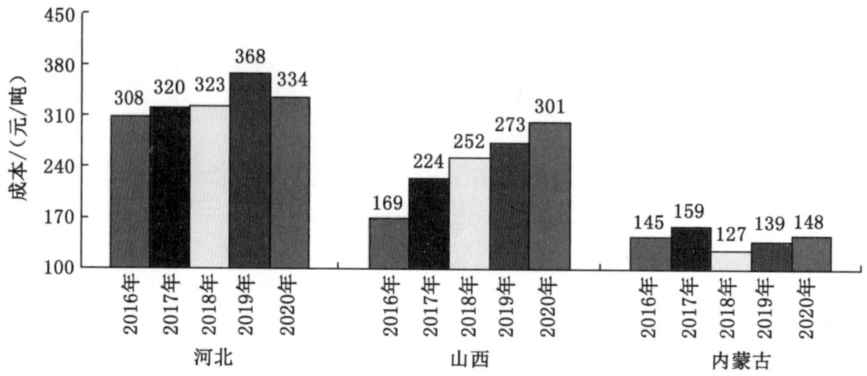

图7-13 华北地区煤炭生产重要省(自治区)原煤单位完全成本

(数据来源:CCTD中国煤炭市场网)

2. 东北地区

东北地区的煤炭开采业历史悠久。中华人民共和国成立后，东北三省原煤产量曾一度占全国煤炭产量的一半。随着资源开采，资源量逐年减少，目前东北三省的原煤产量仅占全国煤炭产量的2%左右，并且开采难度加大，单位员工开采率低，开采成本较其他地区要高。

从2016—2020年CCTD中国煤炭市场网的监测数据来看，近年来辽宁和黑龙江地区煤炭开采的完全成本有所下降，吉林地区煤炭开采的完全成本有所增加。其中，辽宁地区煤炭开采的完全成本在260～297元/吨，吉林地区煤炭开采的完全成本在275～390元/吨，黑龙江地区煤炭开采的完全成本在328～421元/吨，如图7-14所示。

3. 华东地区

华东地区是我国的一个重要煤炭产区，其原煤产量占全国煤炭产量的6%左右。由于该地区的矿井较深，开采条件相对苛刻，安全投入高等因素，该地区煤炭开采成本相对较高。

从2016—2020年CCTD中国煤炭市场网的监测数据来看，安徽地区煤炭开采的完全成本有所下降，其完全成本在351～480元/吨；山东地区煤炭开采的完全成

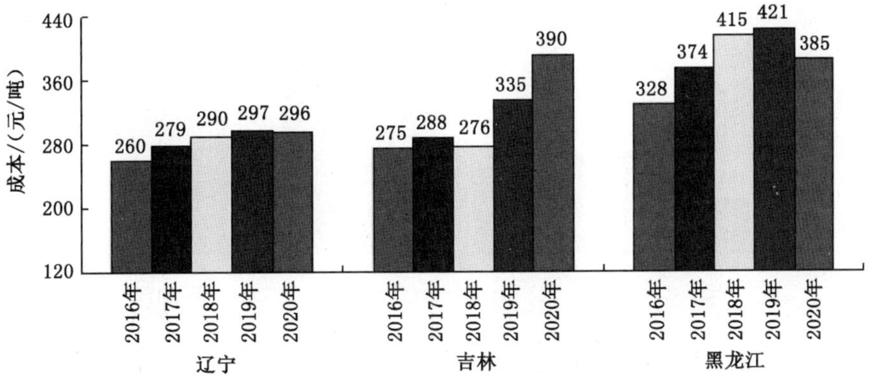

图 7-14　东北地区煤炭生产重要省份原煤单位完全成本

（数据来源：CCTD中国煤炭市场网）

本有所增加，其完全成本在293～399元/吨。华东地区煤炭生产重要省份原煤单位完全成本如图7-15所示。

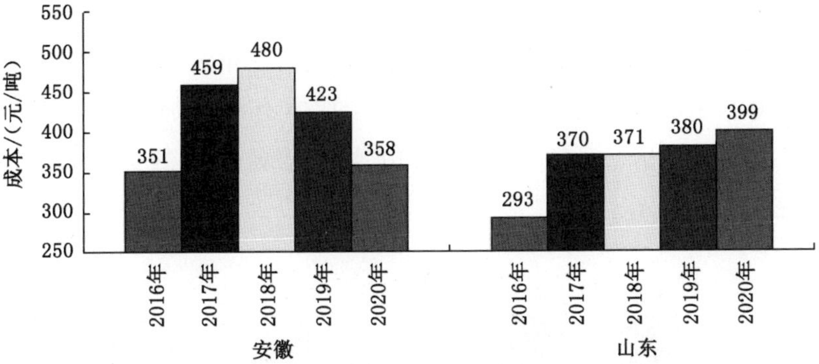

图 7-15　华东地区煤炭生产重要省份原煤单位完全成本

（数据来源：CCTD中国煤炭市场网）

4. 中南地区

中南地区原煤产量约占全国煤炭总产量的5%，该地区煤炭以石炭二叠纪煤层为主，煤层埋藏较深，开采程度较深，对机械、安全设施等要求高，导致其煤炭开采成本较我国其他地区要高很多。

从2016—2020年CCTD中国煤炭市场网的监测数据来看，中南地区煤炭市场重要省份河南和湖南地区的煤炭开采成本均有所下降，河南地区煤炭开采的完全成本在318～377元/吨，湖南地区煤炭开采的完全成本在417～521元/吨，如图7-16所示。

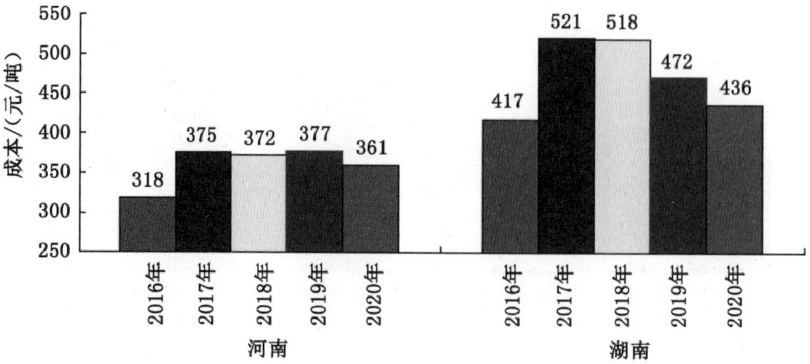

图 7-16　中南地区煤炭生产重要省份原煤单位完全成本

(数据来源:CCTD 中国煤炭市场网)

5. 西南地区

西南地区是我国另一重要的煤炭产区,其原煤产量占全国煤炭总产量的 5% 左右。该地区矿井较深,地貌条件较差,开采条件相对苛刻,安全投入较多,煤炭开采成本相对较高。

从 2016—2020 年 CCTD 中国煤炭市场网的监测数据来看,重庆地区煤炭开采的完全成本有所下降,四川地区煤炭开采的完全成本有所增加。其中,重庆地区煤炭开采的完全成本在 295～412 元/吨,四川地区煤炭开采的完全成本在 303～415 元/吨,如图 7-17 所示。

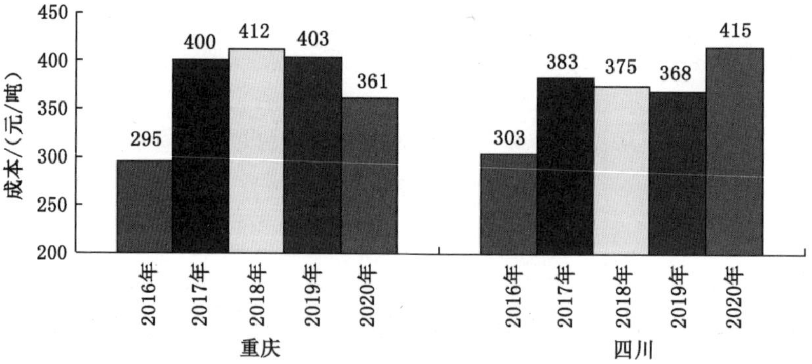

图 7-17　西南地区煤炭生产重要省(直辖市)原煤单位完全成本

(数据来源:CCTD 中国煤炭市场网)

6. 西北地区

西北地区是我国重要的煤炭产区,其原煤产量占全国煤炭总产量的 28% 左右。该地区煤层层数多、厚度大,聚煤后构造改造作用较弱。盆内地层变形弱,断层少,煤层产状平缓;盆缘波状褶曲,少数地带发育逆冲推覆构造。总体来看,煤层赋存条件良好,开采条件优越,开采成本相对处于低位。

从 2016—2020 年 CCTD 中国煤炭市场网的监测数据来看,甘肃地区煤炭开采的完全成本小幅增加,其完全成本在 203～267 元/吨,如图 7-18 所示。

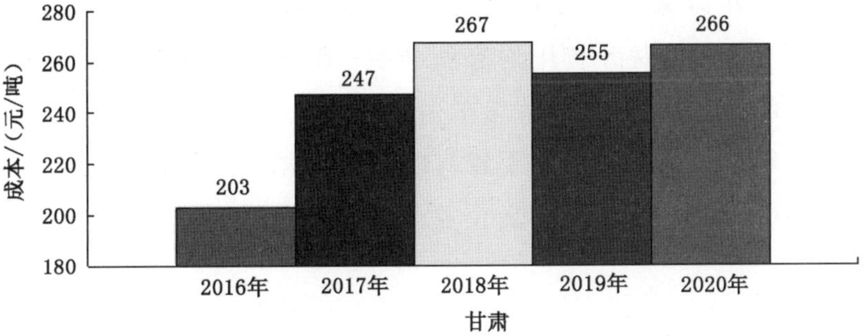

图 7-18　西北地区煤炭生产重要省份(甘肃)原煤单位完全成本

(数据来源:CCTD 中国煤炭市场网)

(二) 全国煤炭成本的变动情况

全国煤炭企业完全成本的波动相对较大,具有以下特点:

(1) 2011 年,煤炭开采成本大幅上涨:一是工资福利费用有较大增长;二是煤炭开采及分选业固定资产投资大幅增加。

(2) 2011—2013 年,我国煤炭开采成本相对平稳。

(3) 2014—2015 年,我国煤炭开采成本大幅下降,主要是随着一系列脱困政策逐步落实,煤炭企业负担减轻。例如,煤炭资源税改为从价计征,停止征收煤炭价格调节基金,取消原生矿产品生态补偿费、煤炭资源地方经济发展费等,取缔省以下地方政府违规设立的涉煤收费基金等,从而有效降低煤炭企业生产成本。

(4) 2016 年,随着煤炭价格回升,煤炭企业经营状况好转,拖欠员工工资的压力得到了缓解,企业生产成本小幅回归。

(5) 2017 年,随着煤炭产量增加,煤炭企业销售费用、管理费用以及财务费用同比涨幅均在 12%以上。从单位成本来看,煤炭价格波动较大,单位煤炭的销售及管理费用支出也有所增加。受此影响,2017 年原煤单位完全成本涨幅在 7.5%左右,较 2016 年增加了约 5.4 个百分点。

(6) 2018 年,煤炭企业销售费用、管理费用以及财务费用依次减少了 4.6%、11.6%和 12.3%,但是依然保持在相对较高的幅度。2018 年原煤单位完全成本降低了5.8%。

(7) 2019年,国内多地发生煤矿安全事故,煤矿安全检查力度和范围不断扩大,煤企用于安全生产的费用投入增加,并且安全检查期间停产和减产导致沉没成本上升,即煤企的原煤单位完全成本有所增加。2019年原煤单位完全成本上涨了8.7%。

(8) 虽然2020年以来煤炭主产地煤矿安全检查持续高压,安全投入有所增加,但煤炭企业管理费用、财务费用均有所减少,降幅依次为13.8%、6.6%。2020年原煤单位完全成本下降了7.2%。

2016—2020年全国煤炭生产重要省(自治区、直辖市)的原煤单位完全成本如表7-1所列。2016—2020年我国煤炭企业原煤单位完全成本及同比增长情况如图7-19所示。

表7-1 2016—2020年全国煤炭生产重要省(自治区、直辖市)的原煤单位完全成本

单位:元/吨

地区	省(自治区、直辖市)	原煤单位完全成本				
		2016年	2017年	2018年	2019年	2020年
华北地区	河北	308	320	323	368	334
	山西	169	224	252	273	301
	内蒙古	145	159	127	139	148
东北地区	辽宁	260	279	290	297	296
	吉林	275	288	276	335	390
	黑龙江	328	374	415	421	385
华东地区	安徽	351	459	480	423	358
	山东	293	370	371	380	399
中南地区	河南	318	375	372	377	361
	湖南	417	521	518	472	436
西南地区	重庆	295	400	412	403	361
	四川	303	383	375	368	415
西北地区	甘肃	203	247	267	255	266

资料来源:CCTD中国煤炭市场网。

(三) 煤炭成本与煤炭价格的相关性分析

煤炭成本是构成煤炭价格的主体,煤炭成本上升将直接导致煤炭价格的上涨。

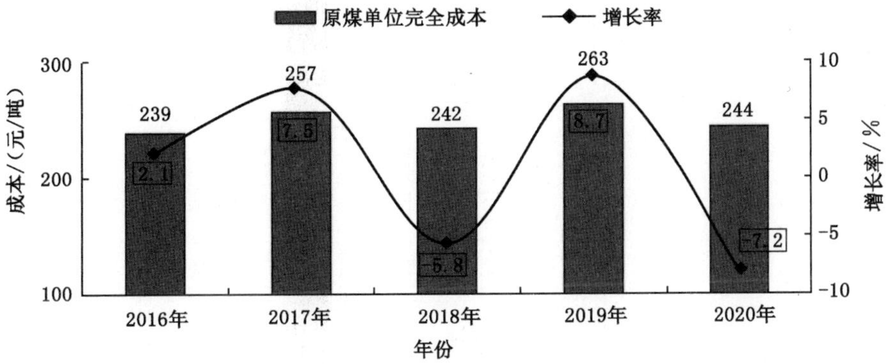

图 7-19　2016—2020 年我国煤炭企业原煤单位完全成本及同比增长情况

(数据来源:CCTD 中国煤炭市场网)

2011 年以来,煤炭成本与煤炭价格都呈现长期下降态势,在不同时期的波动特征也大致相同。从图 7-20 可以看出,煤炭完全成本与中国煤炭价格指数的相关系数为 0.63,表明煤炭完全成本与中国煤炭价格指数中度正相关。通过显著性检验可知,二者在 0.05 水平(双侧)上显著相关。

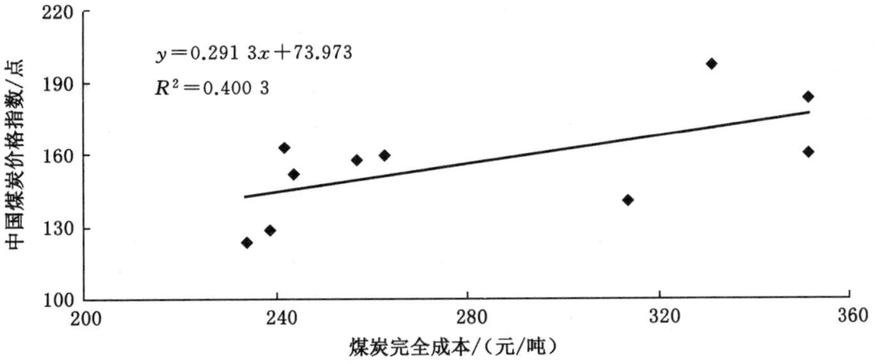

图 7-20　中国煤炭完全成本与中国煤炭价格指数的相关性分析

(数据来源:CCTD 中国煤炭市场网)

从图 7-21 可以看出,我国煤炭完全成本与煤炭价格指数的变化并非完全同步,但成本对煤炭价格起到关键的支撑作用。

三、运输费用

(一) 铁路运费变动对煤价的影响

铁路运价的变动直接影响着煤炭价格,港口煤炭价格主要由煤炭生产成本、运

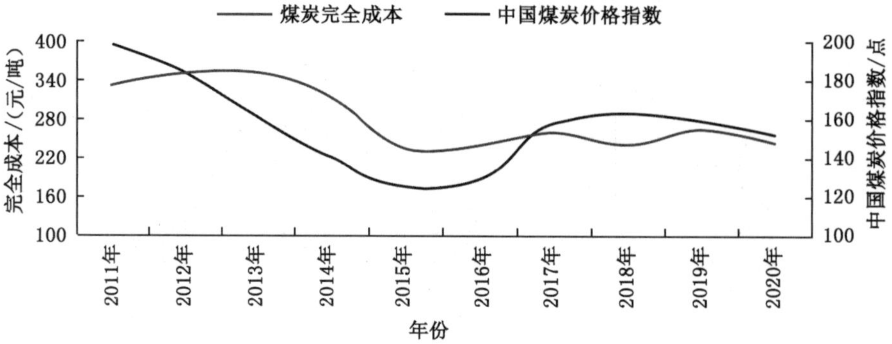

图 7-21　2011—2020 年中国煤炭价格指数与煤炭成本波动态势图

(数据来源:CCTD 中国煤炭市场网)

输成本及中间其他物流成本构成。本书选取秦皇岛港 5 500 千卡动力煤平仓价作为指标。铁路运价与港口煤炭平仓价之间的关系如图 7-22 所示。

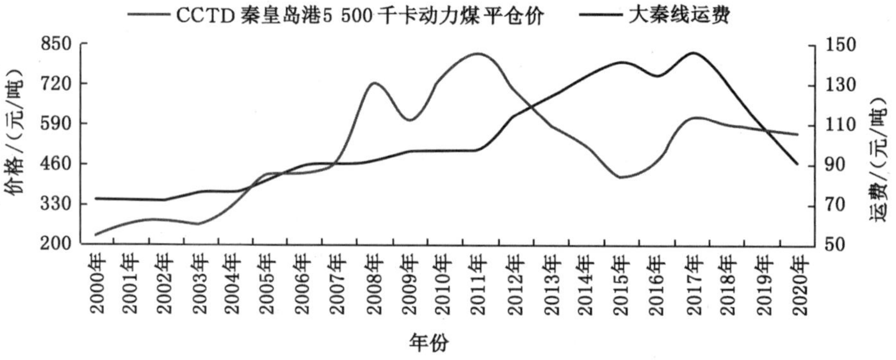

图 7-22　2000—2020 年大秦线运费和 CCTD 秦皇岛港 5 500 千卡动力煤平仓价走势图

(数据来源:CCTD 中国煤炭市场网)

从图 7-23 可以看出,大秦线运费和 CCTD 秦皇岛港 5 500 千卡动力煤平仓价的相关系数为 0.45,表明铁路运费与港口动力煤价格低度正相关。通过显著性检验可知,二者在 0.05 水平(双侧)上显著相关。

(二) 海运费变动对煤价的影响

沿海货运价格由水上运输、港口收费以及其他物流成本所构成。目前,沿海港口收费通常采用按货物重量包干的方式,各港口收费额度相差较大。水上运价定价机制逐渐由政府定价转向以市场需求为导向、以运输企业为主体的市场调节。由于海运费变动较大的是水上运输价格,本书以秦皇岛港至广州港为例,分析海运

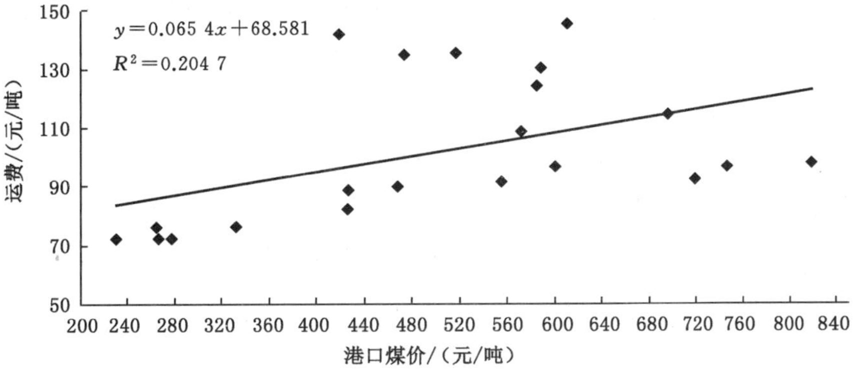

图 7-23 大秦线运费和 CCTD 秦皇岛港 5 500 千卡动力煤平仓价相关性分析

（数据来源：CCTD 中国煤炭市场网）

费与消费地煤炭价格间的关系。

本书选取 2012—2020 年秦皇岛港至广州港（5 万～6 万吨载重）煤炭平均运价和广州港 5 500 千卡动力煤提货价格作为分析指标，如图 7-24 所示。从海运费和港口煤价来看，海运费对煤炭价格的影响比较明显，主要消费地港口商品煤售价随海运费变化而产生同向波动，在海运需求旺盛时期，运价影响更为突出。但由于港口价格受市场变化、库存变化、天气变化以及国际煤价影响明显，且运价对煤价影响存在滞后性等因素，所以港口价格与海运费走势也会出现背离的情况。

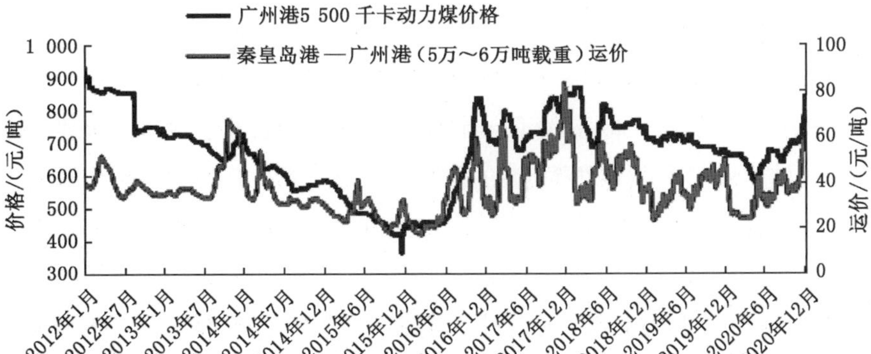

图 7-24 2012—2020 年秦皇岛港—广州港运价和广州港煤价走势图

（数据来源：CCTD 中国煤炭市场网）

通过对秦皇岛港—广州港（5 万～6 万吨载重）海运费和广州港 5 500 千卡动力煤平仓价进行分析，并经过计算，可见这两个指标的相关系数为 0.81，表明海运费与港口动力煤价格高度正相关，如图 7-25 所示。通过显著性检验可知，二者在 0.01 水平(双侧)上显著相关。

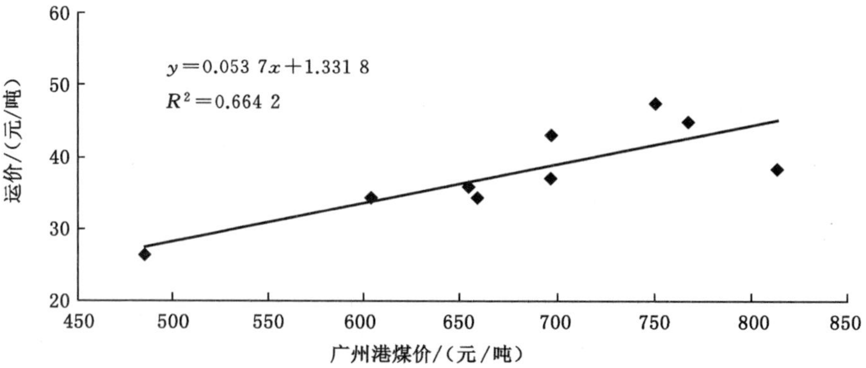

图 7-25　秦皇岛港—广州港运价和广州港煤价相关性分析

(数据来源:CCTD 中国煤炭市场网)

综上分析，煤炭海运费对煤炭价格，尤其是煤炭平仓的港口价格的影响更加明显；铁路运费与煤炭价格的相关性不如海运费与煤炭价格的相关性强。

四、煤炭进出口

煤炭进出口的供需影响着我国动力煤价格；同时，这也增强了国际动力煤价格对国内动力煤价格的传导作用。

通过图 7-26 可以看出，2012—2020 年广州港 5 500 千卡动力煤场地价格(年度均价)与全国净进口量存在以下关联：当广州港内贸煤价格上涨时，全国煤炭净进口量出现增加趋势；当广州港内贸煤价格下降时，全国煤炭净进口量出现减少的趋势。当国内相关部门出台进口煤政策时，煤炭净进口量与煤炭价格的趋势相关性降低。

为进一步说明二者的关系，我们对 2012—2020 年广州港 5 500 千卡动力煤场地价格(年度均价)与全国煤炭净进口量进行相关性分析。经过计算，二者的相关系数为0.55，表明全国煤炭净进口量与广州港内贸煤价格中度正相关，如图 7-27 所示。通过显著性检验可知，二者在 0.05 水平(双侧)上显著相关。

五、相关政策

国家政策是影响煤炭价格的重要因素。在计划经济时代，煤炭价格由国家政

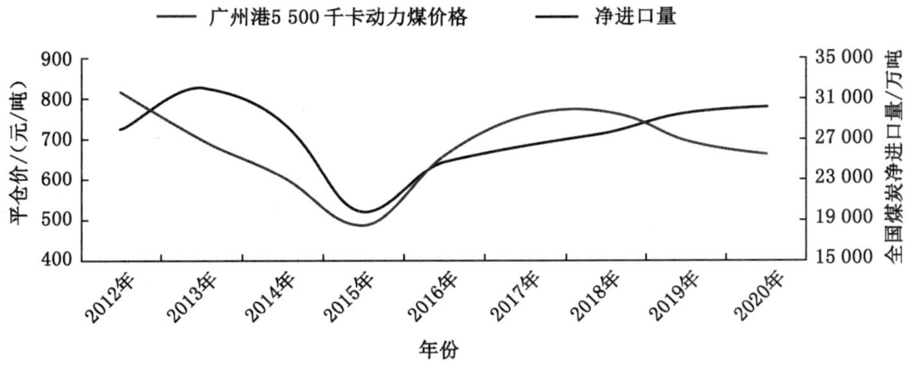

图 7-26　2012—2020 年广州港 5 500 千卡动力煤平仓价与全国煤炭净进口量的关系

（数据来源：CCTD 中国煤炭市场网）

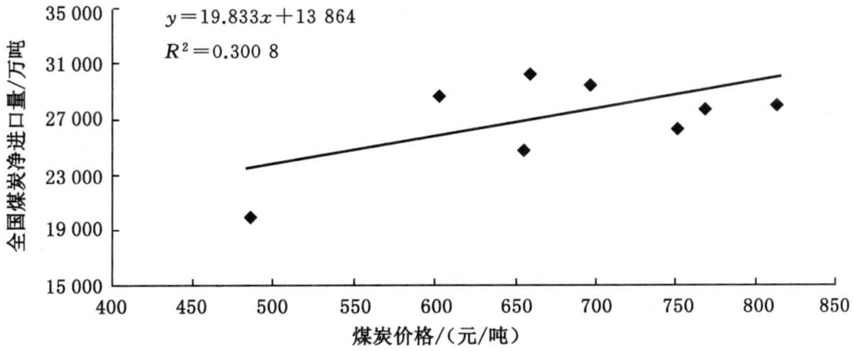

图 7-27　广州港 5 500 千卡动力煤场地价格（年度均价）与全国煤炭净进口量的相关性分析

策直接制定，在煤炭价格市场化后，国家政策对煤炭价格仍起到重要的影响作用。

（一）直接监管煤炭市场

1. 国家政策导致煤炭定价机制的变化

我国煤炭价格形成机制由计划走向市场的变化，正是国家政策所决定的。图 7-28 所示为 1990—2008 年原中央财政煤炭企业商品煤售价指数。从图中可以看出，1993 年的煤炭价格上涨显著，当年价格指数是其中的最高点，而 1993 年正是国家出台相关政策，决定煤炭价格开始从计划走向市场的转折点。

2. 直接调控煤炭价格的国家政策

虽然我国于 1993 年放开煤炭价格，但对电煤价格仍然实行指导价。从 2002 年起，国家停止发布电煤政府指导价格，然而仍会出台价格管制政策进行调控。如

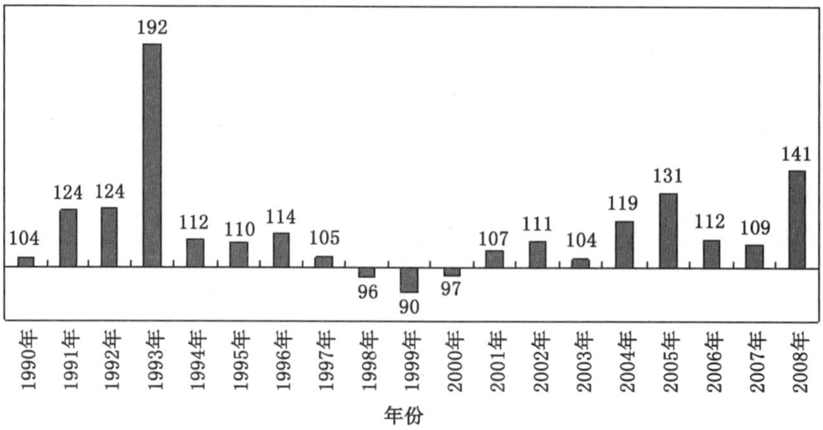

图 7-28　1990—2008 年原中央财政煤炭企业商品煤售价指数

（注：商品煤售价指数以上年为 100）

2005 年，我国规定对当年尚未签订长期合同的电煤，以 2004 年 9 月实际结算的车板价为基础，在 8%的幅度内进行浮动、协商。2008 年，面对煤炭市场价格急剧上涨的情况，我国分别在当年 6 月和 7 月两度出台限价令，要求保持煤价稳定直至年底。而就目前的煤炭价格不断下行的情况，政府正加快完善煤电联动机制，助力煤价企稳。

可见，在特定背景下，我国仍会出台直接调控煤价特别是电煤价格的政策，但随着我国煤炭价格逐步实现市场化，此类政策的出台将越来越少，其对煤炭价格的影响力也将不断减弱。

（二）推进煤炭资源税改革

2015 年，为落实《财政部 国家税务总局关于实施煤炭资源税改革的通知》（财税〔2014〕72 号）规定的煤炭资源税优惠政策，国家税务总局、国家能源局联合发布《关于落实煤炭资源税优惠政策若干事项的公告》，对可享受税收优惠的衰竭期煤矿和充填开采置换煤炭的定义、减税方式、备案资料等进行了明确，确保煤炭资源税优惠政策落到实处。

煤炭资源税是煤炭资源成本的重要组成部分，煤炭资源税下调对降低煤炭完全成本起到了十分重要的作用。煤炭成本的下降为煤企的生存提供了更大空间。

（三）调节煤炭供需关系

中国煤炭工业协会发布的《煤炭工业“十四五”高质量发展指导意见》指出，到“十四五”时期末，全国煤矿安全生产形势将实现根本好转，国内煤炭年产量控制在

41 亿吨左右，全国煤炭年消费量控制在 42 亿吨左右。全国煤矿数量控制在 4 000 处以内，建成煤矿智能化采掘工作面 1 000 处以上，建成千万吨级矿井(含露天)65 处、产能近 10 亿吨/年；培育 3～5 家具有全球竞争力的世界一流煤炭企业。煤矿采煤机械化程度达 90%左右，掘进机械化程度在 75%左右；原煤入选率在 80%左右；煤矸石、矿井水利用与达标排放率 100%。

《煤炭工业“十四五”高质量发展指导意见》提出，要优化煤炭资源开发布局。内蒙古东部(东北)、云贵基地稳定规模，保障区域煤炭供应，煤炭年产量分别稳定在 5 亿吨、2.5 亿吨左右。冀中、鲁西、河南、两淮基地控制规模，煤炭年产量分别稳定在 0.6 亿吨、1.2 亿吨、1.2 亿吨、1.3 亿吨左右。晋北、晋中、晋东、神东、陕北、黄陇基地控制节奏，实现高产高效。晋北、晋中、晋东基地煤炭年产量合计控制在 9 亿吨左右；神东基地煤炭年产量控制在 9 亿吨左右；陕北和黄陇基地煤炭年产量控制在 6.4 亿吨左右。新疆基地煤炭年产量稳定在 3 亿吨左右。宁东基地稳定规模，就地转化，区内平衡，煤炭年产量稳定在 0.8 亿吨左右。

(四) 直接调控煤炭价格的国家政策

2008 年，面对煤炭价格急剧上涨，国家分别于当年 6 月和 7 月出台限价令，要求保持煤价稳定至年底。

2011 年，国家发改委对电煤实行临时价格干预，规定纳入国家跨省区产运需衔接及产煤省自产自用的煤，2012 年度合同价格涨幅不得超过上年合同价格的 5%。

2012 年，秦皇岛港、黄骅港、京唐港、曹妃甸港、营口港、锦州港和大连港发热量 5 500 千卡的电煤平仓价最高不得超过 800 元/吨，其他热值电煤平仓价格按 5 500 千卡限价标准相应折算；电煤交易双方通过铁路、公路直达运输的电煤市场交易价格，不得超过 2011 年 4 月的实际结算价格，也不得采取改变结算方式等手段变相涨价。

2017 年，国家发展和改革委员会、中国煤炭工业协会、中国电力企业联合会、中国钢铁工业协会等四部门联合发布《关于平抑煤炭市场价格异常波动的备忘录》，以重点煤电煤钢企业中长期基准合同价为基础，建立价格异常波动预警机制，其中动力煤价格分为绿色区域(价格正常：500～570 元/吨)、蓝色区域(价格轻度上涨或下跌：570～600 元/吨或 470～500 元/吨)、红色区域(价格异常上涨或下跌：600 元/吨以上或 470 元/吨以下)。

可见，在特定背景下，国家仍会出台直接调控煤价特别是电煤价格的政策。但是随着我国煤炭价格逐步实现市场化，此类政策的出台将会越来越少，其对煤炭价格的影响也将不断减弱。

六、其他替代性能源产品价格变动的推动

原油价格与煤炭价格两者间保持了比较一致的上涨或下跌步伐,根据选取的2011—2020年数据计算两者之间的相关性系数为0.64,表明原油价格与动力煤价格相关度较高,并在0.05水平(双侧)上显著相关。布伦特原油价格与CCTD秦皇岛港5 500千卡动力煤平仓价的相关性分析如图7-29所示。

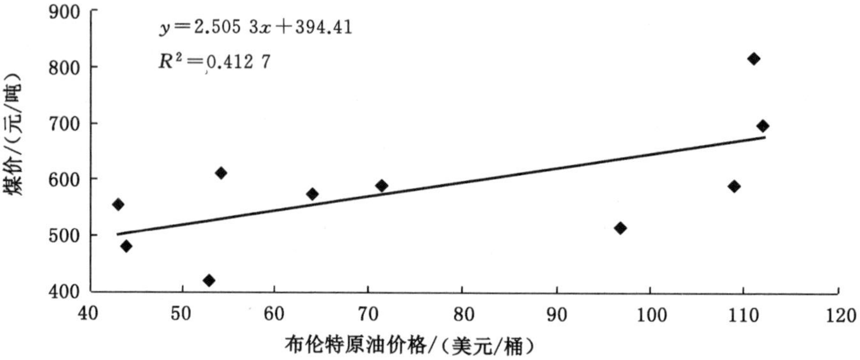

图7-29 布伦特原油价格与CCTD秦皇岛港5 500千卡动力煤平仓价的相关性分析

(数据来源:CCTD中国煤炭市场网)

七、小结

(1) 供需关系与煤炭价格线性相关:当煤炭供需比大于1,也就是煤炭供大于求的时候,我国煤炭价格指数处于下降区间内;当供需比接近1时,煤炭价格指数下降趋势明显放缓;当煤炭供需比小于1,也就是供小于求的时候,我国煤炭价格指数开始震荡调整,逐渐触底反弹,当离1越远时,价格反弹速度越快。

(2) 煤炭生产成本与煤炭价格正相关:当生产成本上升时,在一定程度上推动煤炭的价格上行,进一步提高煤炭的价格区间;当生产成本下降时,也会促使煤炭价格下降。总体上遵循价格回归价值。

(3) 运输费用与煤炭价格的关系中,铁路运费与煤炭价格的变动相关性要弱于海运费。这与铁路运费在较长一段时间内相对稳定有一定关系,而海运市场更加市场化,价格变化幅度和频率都要高于铁路运费,对煤炭价格的影响,尤其是对“下水煤”价格的影响更加明显。

海运费与煤炭价格高度正相关，同时，海运费长期以来被当作“下水煤”价格的先行指标，对预测煤炭价格具有一定的参考价值。

(4) 煤炭进出口量与广州港内贸煤价格为中度正相关。在煤炭供应相对宽松时，煤炭进口量对国内煤炭价格影响相对较小；当国内煤炭供需关系紧张时，进口煤对煤价的影响要增强。

(5) 相关政策对煤炭价格的影响日渐增强。煤炭行业去产能以来，能源结构调整过程中，难免出现阶段性、区域性供需不平衡，导致煤炭价格高频率波动。为了平抑煤炭价格，引导煤炭价格在合理区间内运行，相关政府部门出台的关于供应、需求、运输以及价格方面的政策对于煤炭价格稳定起到了积极作用。

(6) 其他替代性能源产品的价格波动与煤炭价格相关度较高，但是，在我国能源结构中，依然是以煤为主，石油、天然气等其他能源为辅。随着“煤改气”等去煤化措施的推进，其对煤炭价格的影响会增强。

第三节 2021 年中国煤炭价格趋势预测

一、供需矛盾依然存在

2021 年，影响煤炭价格最主要的因素依然是供需关系。新冠肺炎疫情常态化防控下，下游企业用煤需求将得到大幅提升，我国煤炭行业去产能任务已基本完成，先进产能的有序释放将在一定程度上缓解煤炭供需紧张关系。综合来看，煤炭市场供需“紧平衡”的基本格局有望延续。2011—2021 年煤炭供需比及预测如图 7-30所示。

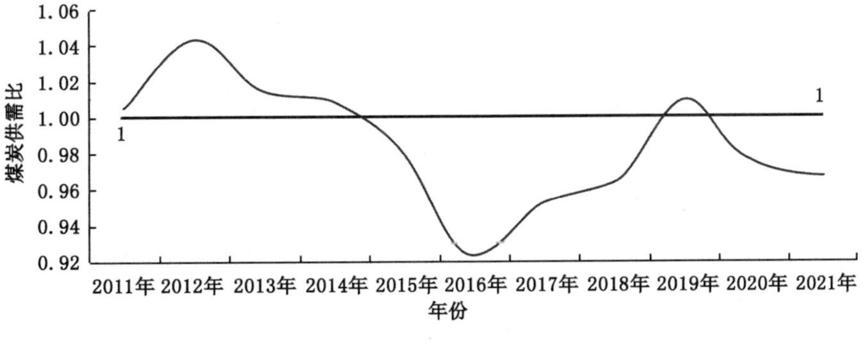

图 7-30 2011—2021 年我国煤炭供需比及预测

（数据来源：CCTD 中国煤炭市场网）

二、煤炭完全成本小幅增加

“十三五”前期,煤炭企业拖欠工人工资等问题突出,同时包括资源成本、基本生产成本、安全成本、生态环境成本和可持续发展成本等在内的原煤单位完全成本的各分项基本已压缩到低点。总之,在多重主动或被动的措施下,煤炭企业完全成本大幅下降。2017 年,随着去产能工作的持续推进、煤炭企业重组,煤炭行业经营状况逐渐好转。煤炭企业员工工资发放、安全投入等也陆续回归正常,各单位煤炭完全成本也随之回升。2019 年,随着相关部门和煤炭企业对煤矿安全生产愈发重视,安全投入不断增加,从而导致原煤单位完全成本抬升。2021 年,煤炭主产区的煤矿智能化建设工作将加快推进,生产效率将不断提高,有利于压缩原煤单位的完全成本;同时也要注意到,煤矿安全专项整治三年行动将持续推进,安全生产检查力度趋严,将促使煤炭主产区煤矿增加安全投入。综合来看,预计 2021 年原煤单位完全成本增幅有限,如图 7-31所示。

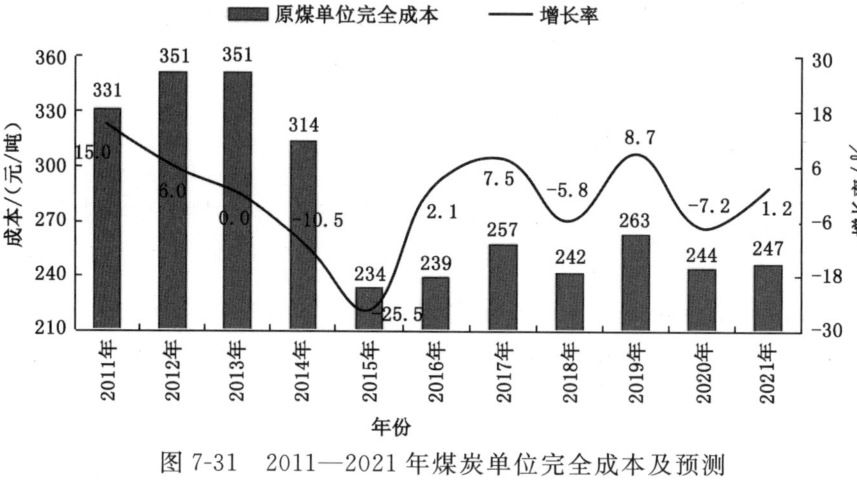

图 7-31 2011—2021 年煤炭单位完全成本及预测

(数据来源:CCTD 中国煤炭市场网)

三、铁路物流成本下降对中转地和消费地煤炭价格形成利空

(一) 铁路运费持续下降

2020 年 6 月,国家发改委、交通运输部印发的《关于进一步降低物流成本的实施意见》中指出,受新冠肺炎疫情影响,社会物流成本出现阶段性上升,后期将进一步降低物流成本、提升物流效率。受此影响,预计铁路运费仍有进一步下降的空间。但山西省下发的《山西省进一步推进 2020 年“公转铁”工作实施方案》提出,将

推进“公转铁”硬要求：① 加快推进铁路专用线建设，2020 年，重点煤矿企业全部接入铁路专用线；② 大力提升铁路货运占比，出省煤炭、焦炭基本上全部采用铁路运输；③ 强力引导运输向铁路转移，建立长效激励机制，预计铁路运量增加将对煤炭运价形成支撑。综上所述，预计 2021 年铁路煤炭货运价格将呈现小幅下降态势，并有止跌回升的可能。2000—2021 年大秦线铁路煤炭运费及预测如图 7-32 所示。

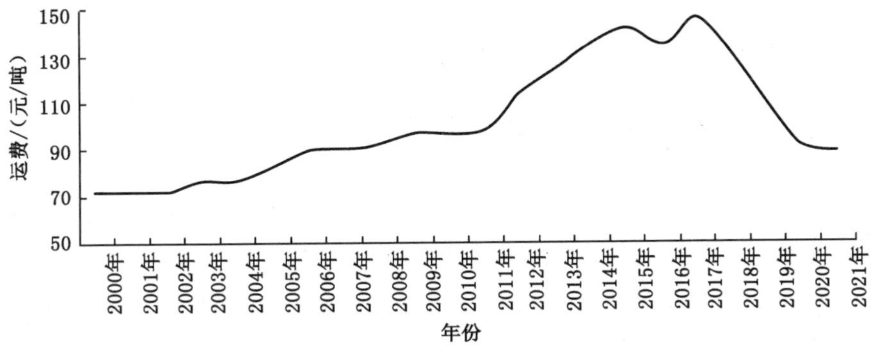

图 7-32　2000—2021 年大秦线铁路煤炭运费及预测

（数据来源：CCTD 中国煤炭市场网）

（二）港口煤炭运输成本偏强运行

根据本书第四章对沿海港口煤炭运输费用的预测，2021 年，我国下游电厂补库需求将持续释放，沿海煤炭运输需求将继续增加，沿海煤炭运费或将偏强运行。同时，港口煤炭收费降价空间将较为有限。

（三）从大同到广州港煤炭运输成本止跌上涨

根据对大秦线铁路煤炭运费以及秦皇岛港至广州港煤炭海运费的分析可以看出，从大同到广州港的煤炭运输成本整体将偏强运行。2021 年，大同到广州港煤炭运输成本将在 135 元/吨左右，同比上涨 9 元/吨。2021 年大秦线铁路及秦皇岛港—广州港煤炭的运费预测如表 7-2 所列。

表 7-2　2021 年大秦线铁路及秦皇岛港—广州港的煤炭运费预测　单位：元/吨

线路	2018 年	2019 年	2020 年	2021 年（预测）
大秦线	130	109	91	88
秦皇岛港—广州港	45	37	35	47
合计	175	146	126	135

资料来源：CCTD 中国煤炭市场网。

四、煤炭进口政策收紧对煤价形成支撑

根据本书对未来煤炭供需关系的研究可知，2021 年我国煤炭供需关系将由宽松状态转向紧张状态。按照《煤炭工业“十四五”高质量发展指导意见》的要求，今后我国将鼓励进口优质煤炭，加强炼焦煤进口，严格控制低热值煤、高硫分煤等劣质煤进口。预计 2021 年，我国煤炭进口量将缩减至 2.9 亿吨左右，进口煤收紧对煤炭价格是一个利好因素。

五、相关政策推动动力煤价格回归价值

国家发改委印发的《关于做好 2021 年煤炭中长期合同签订履行工作的通知》指出，2021 年将执行“基准价＋浮动价”价格机制。但与往年不同的是，2021 年未提及“煤炭价格原则上稳定在绿色区间”，且强调市场在资源配置中的决定性作用，促进有效市场和有为政府更好结合。

六、各环节煤炭价格情况

根据上述对影响煤炭价格因素的分析，2021 年各因素对煤炭价格的影响如表 7-3 所列。

表 7-3　2021 年各因素对煤炭价格的影响

影响因素	2021 年	
	预测	对煤价影响
供需关系	紧张	支撑煤价
原煤单位完全成本	涨	支撑煤价
大秦线运输成本	降	施压煤价
秦皇岛港—广州港运输成本	涨	支撑煤价
进口煤量	降	支撑煤价
相关政策	维稳	稳

数据来源：CCTD 中国煤炭市场网。

(1) 动力煤方面。一方面，2021 年国内供需关系将延续偏紧态势，煤炭企业原煤单位完全成本将持续上涨，秦皇岛港—广州港等沿海煤炭运输成本将偏强运行，

进口煤收缩引导需求向国内转移，支撑煤价；另一方面，大秦线等铁路运输成本将小幅下降，施压煤价。综合来看，2021 年我国动力煤价格将呈现上涨态势。

（2）冶金煤方面。2021 年我国经济恢复速度会进一步加快，下游钢铁、建材等行业的用煤需求增速预期明显回升，焦煤和喷吹煤价格将呈现上涨态势。2021 年我国煤炭价格趋势预测如表 7-4 所列。

表 7-4　2021 年我国煤炭价格趋势预测

类别	2021 年		价格类型
	煤价/(元/吨)	同比/%	
大同煤	505	41.3	坑口价
鄂尔多斯煤	540	54.0	坑口价
榆林煤	535	48.2	坑口价
秦皇岛港煤	765	26.0	平仓价
广州港煤	920	38.0	场地价
柳林主焦煤	1 600	17.3	车板价
潞安喷吹煤	1 050	36.7	车板价

注：除大同地区为 5 000 千卡动力煤价格外，鄂尔多斯、榆林地区煤炭价格均为 5 500 千卡动力煤价格；柳林主焦煤，指柳林煤矿 4# 主焦煤；潞安喷吹煤，指潞安优质喷吹煤。

数据来源：CCTD 中国煤炭市场网。

参考文献

[1] 陈洁.中国煤炭出口政策调整对煤炭产业影响的实证研究[D].西安:西北大学,2011.

[2] 陈锡康,杨翠红,祝坤福,等.2021年中国经济增长速度的预测分析与政策建议[J].中国科学院院刊,2021,36(1):37-46.

[3] 陈霞,刘猛,刘静.全球经济形势及我国应对策略[J].中国财政,2021(2):78-79.

[4] 崔艳萍,李樱灿,张颖.铁路省际煤炭调运分析的思考[J].铁道货运,2014,32(10):34-40,8.

[5] 冯雨,高宁宁.2020年上半年煤炭市场运行分析及下半年走势研判[J].中国煤炭工业,2020(8):66-68.

[6] 侯玉梅,刘净利.我国煤炭港口运输现状分析[J].企业导报,2011(15):106.

[7] 黄佳,周洋帆,张思佳,等.蒙华铁路对鄂湘赣地区煤炭运输通道的影响[J].中国铁路,2017(5):13-17.

[8] 黄锟.新型城镇化建设的新使命、新内涵、新要求[J].人民论坛,2020(34):56-59.

[9] 黄梦婷,朱家明.基于逐步回归法对中国煤炭价格影响因素的实证分析[J].哈尔滨师范大学学报(自然科学版),2021,37(2):28-33.

[10] 李丽英,郭煜东.我国炼焦煤资源储备及开发利用研究[J].煤炭经济研究,2017,37(9):29-33.

[11] 李志峰.进口煤对中国煤炭产销市场影响分析[J].中国煤炭工业,2020(9):77-79.

[12] 梁鼎成,杨芊.煤化工过程强化保障能源安全的可行性分析[J].煤炭加工与综合利用,2018(8):11-13,23.

[13] 刘敬青,李宏.世界煤炭贸易及我国煤炭进口的新趋势[J].综合运输,2013(1):44-57.

[14] 刘艳敏.煤炭价格影响因素分析及机制研究[D].徐州:中国矿业大学,2012.

[15] 刘原奇.我国煤炭消费现状分析及2021年趋势展望[J].煤炭经济研究,2021,

41(1):12-16.

[16] 刘志雄,刘馨彤.中国与印尼煤炭贸易市场风险的识别与化解研究[J].煤炭经济研究,2020,40(12):32-39.

[17] 聂强.我国动力煤质量标准研究[D].北京:中国矿业大学(北京),2016.

[18] 彭苏萍,张博,王佟.我国煤炭资源"井"字形分布特征与可持续发展战略[J].中国工程科学,2015,17(9):29-35.

[19] 宋洪柱.中国煤炭资源分布特征与勘查开发前景研究[D].北京:中国地质大学(北京),2013.

[20] 宋长利.中国沿海港口群经济发展研究[D].沈阳:辽宁大学,2019.

[21] 王长建,汪菲,叶玉瑶,等.基于供需视角的中国煤炭消费演变特征及其驱动机制[J].自然资源学报,2020,35(11):2708-2723.

[22] 肖萌,夏松,况璇.基于多元线性回归和灰色预测的煤炭价格研究[J].冶金管理,2020(11):245,256.

[23] 肖强.浅谈煤化工生产企业的安全管理[J].科技视界,2014(32):293,364.

[24] 张同功,赵得志.中国煤炭价格波动影响因素实证研究[J].中国能源,2018,40(3):16-21.

[25] 赵丹丹,万冰彬,郑继媛,等.新冠疫情冲击影响特征及行业差异性研究[J].价格理论与实践,2020(3):10-13.

[26] 郑欢.中国煤炭产量峰值与煤炭资源可持续利用问题研究[D].成都:西南财经大学,2014.

[27] 中国国家铁路集团有限公司.中国国家铁路集团有限公司2020年统计公报[N].人民铁道报,2021-03-01(2).

[28] 《中国矿产资源报告(2020)》发布[J].地质装备,2020,21(6):3-5.

[29] 周邢.基于向量自回归模型的煤炭价格预测[D].合肥:安徽大学,2011.

[30] 朱吉茂.中国煤炭价格影响因素分析及预测[J].中国煤炭,2017,43(11):20-24.

[31] 朱晴晴,冯雨佳,唐思诗,等.我国煤炭价格趋势预测[J].质量与市场,2021(13):124-127.

[32] 庄瑞轩.蒙华铁路对华中市场煤炭价格影响研究[D].洛阳:河南科技大学,2019.